EUGENE SUE.

LES SECRETS
DE
L'OREILLE

4

PARIS
ALEXANDRE CADOT, ÉDITEUR,
37, RUE SERPENTE, 37.
—
1858

LES
SECRETS DE L'OREILLER.

Imprimerie de Munzel, à Sceaux.

EUGENE SUE.

LES SECRETS

DE

L'OREILLER

4

PARIS
ALEXANDRE CADOT, ÉDITEUR,
37, RUE SERPENTE, 37.
1858

III

La duchesse della Sorga était à peine de retour du rendez-vous qu'elle avait, la veille, accordé à M. de Luxeuil, rendez-vous fixé au parc de Monceaux, lorsqu'elle reçut l'annonce de la visite de Wolfrang.

Cette femme, dont l'hypocrisie égalait la dépravation, éprouvait, — tant est puissant sur certaines natures l'attrait des contrastes ! — pour Wolfrang, ce qu'elle n'avait jamais jusqu'alors éprouvé pour personne : *un amour vrai*, amour timide, craintif, plein de doutes, d'angoisses, de cuisantes jalousies et de désespérances, parce qu'il était vrai. — L'esprit remarquable, le talent hors ligne et l'originalité de Wolfrang, sans parler même de sa jeunesse et des rares avantages extérieurs dont il était comblé, justifiaient l'amour de madame della Sorga, car elle n'avait pas encore rencontré un homme comparable à Wolfrang.

— Mais, — dira-t-on, — comment concilier cet *amour vrai* avec le rendez-vous accordé à M. de Luxeuil ?

— Ce rendez-vous était l'un des symptômes les plus probants de la passion de madame della Sorga pour Wolfrang.

— Étrange affirmation !

— Étrange... non, le caractère de madame della Sorga étant donné et accepté. — Cette femme, autant pervertie que le plus *galant homme*, selon le langage du monde, et, en certaines circonstances, dépouillant la réserve, la délicatesse, la modestie de son sexe, agissait alors avec l'audace et le cynisme d'un homme.

Or, quel est le galant homme, (toujours selon le complaisant langage du monde), qui n'ait fait ou ne fasse ce raisonnement :

« J'ai rencontré hier deux femmes.

» L'une, adorablement belle, remplie de ta-
» lents, d'esprit, de charme et de séductions,
» a fait sur moi une impression soudaine,
» profonde, et m'a rendu, je le sens, sincère-
» ment et passionnément épris... Mais, hé-
» las ! j'ai peu de chances de réussir auprès
» de celle-là.

» L'autre femme est ravissante de beauté,
» mais sotte et vaniteuse. Cependant elle
» se jette, ainsi que l'on dit, à ma tête ;
» elle m'accorde un rendez-vous pour de-
» main ; bien niais je serais de ne pas mettre
» à profit cette bonne fortune !... Cela ne
» m'empêchera point du tout d'ailleurs d'ai-
» mer l'autre... hélas ! Car je pressens les
» tourments de cette folle passion... je trou-
» verai dans le rendez-vous que m'accorde
» cette charmante sotte et dans ceux dont il
» sera peut-être suivi, une sorte d'étour-
» dissement aux chagrins que me causera
» *l'autre*,... la tigresse ! Enfin, si, lors de
» cette première entrevue avec une femme

» merveilleusement jolie, malgré son peu
» d'esprit, je n'éprouve pour elle qu'un ca-
» price éphémère, étant, malgré moi, préoc-
» cupé, dominé, obsédé par ma passion in-
» sensée pour *l'autre*, ce symptôme si dé-
» cisif ne me prouvera que trop l'intensité de
» cette passion. Or, il est bon d'être éclairé
» sur soi-même afin d'aviser... aussi, j'avise-
» rai... je m'éloignerai, s'il le faut, d'une fa-
» tale enchanteresse, dont l'empire est sur
» moi déjà tel, qu'il me rend insensible à tout
» ce qui n'est pas *elle*... Et l'absence mettra
» terme sans doute à mes tourments. »

Encore une fois, quel est le *galant* homme qui, même sans être ce qu'on appelle *un roué*, ne raisonnerait de la sorte?

Il est vrai.

— Eh bien, nous le répétons : la duchesse della Sorga, autant pervertie que le plus galant homme du monde, se comportait avec l'audacieuse et cynique perversité d'un homme.

Et voilà pourquoi, et voilà comment son rendez-vous donné à M. de Luxeuil n'avait pas empêché, n'empêchait point madame della Sorga de ressentir pour Wolfrang un amour insensé, désespéré, car cette mégère avait quarante ans et frémissait de jalousie et de rage en songeant à Sylvia... Sylvia, l'idéal de son sexe, et que tant d'affinités, de jeunesse, de beauté, de génie, devaient rendre si chère à Wolfrang.

Lorsqu'on lui annonça la visite de ce dernier, la duchesse della Sorga était à sa toilette; elle fut assez surprise de l'empressement qu'il témoignait de la voir, quoique cet empressement ne dépassât point les limites d'une stricte politesse.

L'amour véritable passe soudain des plus noirs abattements aux plus éblouissantes illusions, puis retombe dans les ténèbres de la désespérance pour en sortir encore au plus léger rayon d'espoir. Ainsi, madame della Sorga, d'abord étonnée de la prompte visite de son voisin, eut un instant cette enivrante pensée qu'un vague attrait le conduisait chez elle; et qui sait? les caprices de l'homme sont parfois si bizarres!

Combien de femmes douées de toutes les grâces, de toutes les perfections, sont journellement sacrifiées à des rivales infâmes!

Combien d'hommes indignes du bonheur

dont ils jouissent et se sentant affadis par la douceur inaltérable de la vertu, recherchent dans leur dépravation le sel amer du vice !...

Combien d'imbécilles, blasés sur les célestes félicités dont un ange les comble, vont demander au démon d'accidenter un peu leur trop facile et trop douce existence, par toutes sortes de déceptions, de mépris, de cruautés, à eux jusqu'alors inconnues ?

De sorte que, tantôt confiante dans l'odieux attrait de ses vices, madame della Sorga se demandait si cet attrait n'exerçait pas sa fascination perverse sur Wolfrang, et alors elle redressait son front d'airain, rayonnant d'une horrible assurance. Puis tantôt ce front superbe se courbait devant cette réflexion :

Wolfrang n'était pas certainement de ces étourdis ou de ces niais que la corruption affriole, de même que la flamme mortelle sollicite à leur perte et dévore les papillons de nuit.

Quoi ! ce grand seigneur ! (il était grand seigneur aux yeux de la duchesse), si rompu au monde, malgré sa jeunesse, et d'un esprit tour à tour incisif, gracieux ou élevé, lui dont la dignité naturelle, aiguisée d'une pointe de froide ironie, intimidait fortement madame della Sorga, l'une des plus grandes dames de l'aristocratie européenne, et douée d'une audace indomptable ; lui... Wolfrang, se sentir un certain penchant pour une femme de quarante ans, parce qu'il la supposait abominablement pervertie ?

Non ! cette stupide créance ne pouvait éclore que dans ce cerveau troublé par les ferments d'une passion aveugle. Et ensuite de cette réflexion si juste, madame della Sorga désespérait de nouveau.

Mais bientôt une autre idée lui traversait l'esprit, et elle s'y rattachait de toutes les forces de son espoir expirant, de même que luttant contre la mort, à la surface du flot qui va nous engloutir, nous nous cramponnons au plus léger, au plus décevant des soutiens.

Qui sait si Wolfrang, partageant l'erreur commune et considérant la duchesse della Sorga comme le modèle des mères et des épouses et la vivante incarnation des plus saintes vertus, ne serait point attiré vers elle par ce secret instinct des âmes généreuses qui se cherchent et se rencontrent avec de si nobles ravissements !

Il fallait voir alors cette moderne Messaline, debout devant son miroir, étudiant à nouveau et parachevant, complétant ce masque de sérénité austère qu'elle portait habituellement; prenant des physionomies, des attitudes de matrone romaine. Oh ! certes ! la vaillante mère des Gracques, n'aurait pas paru plus imposante, ni Lucrèce plus chaste !

Et soudain, ce masque si artistement composé éclatait sur le visage de cette femme, violemment contracté par une hilarité sinistre et redevenu effrayant d'impudeur et de désespoir.

— Misérable folle que je suis ! Est-ce que l'on fait la cour à une femme de quarante ans que l'on croit la plus vénérable des mères de famille !... — pensait la duchesse della Sorga, les dents serrées de rage, et si possible, se faisant peur à elle-même en voyant son image réfléchie dans la glace.

Une autre appréhension rendait cette femme craintive et inquiète. La veille au soir, quel que fût son puissant empire sur elle-même, un éclair de ces flammes impures qui couvaient en elle, luisant soudain, malgré elle, dans son regard attaché sur M. de Luxeuil, avait suffi pour la trahir aux yeux de ce glorieux et bel animal, trop sot pour être très sagace, et mieux servi en cette occurence par son imperturbable confiance en lui que par sa clairvoyance.

Mais si Wolfrang avait surpris ces regards et ainsi pénétré, à travers les voiles de son hypocrisie, la secrète perversité de madame della Sorga? Dans ce cas, quel pouvait être le but de la visite empressée qu'il venait lui rendre?

Toutes ces réflexions, rapides comme la pensée, se présentèrent à l'esprit de la duchesse pendant le peu d'instants qui s'écoulèrent entre l'achèvement de sa toilette et l'annonce de la visite de Wolfrang. Bientôt elle alla le rejoindre dans le salon où il l'attendait.

IV

Lorsque la duchesse della Sorga entra dans le salon où elle trouva Wolfrang, il se leva, et s'inclinant profondément devant elle, lui dit avec courtoisie :

— Je me suis peut-être un peu hâté, madame la duchesse, de venir vous dire combien nous avons été sensibles à l'honneur que vous avez bien voulu nous faire hier soir... mais je désirais aussi vous exprimer nos vifs regrets du fâcheux scandale qui a si brusquement terminé la soirée... Il a eu malheureusement des suites bien tragiques...

— Comment cela, monsieur ?...

— Ce sous-officier, égaré par une jalousie que rien de sérieux ne motivait d'ailleurs,—la conduite de mademoiselle Jourdan étant irréprochable, je le sais et l'affirme; — ce sous-officier vient de se brûler la cervelle...

— Ah! mon Dieu! monsieur, que m'apprenez-vous là? C'est affreux!... quel terrible sentiment que celui de la jalousie! pourquoi faut-il, dit-on, qu'il soit inséparable du véritable amour!...

— Oui et non, madame; il est tant de sortes d'amours véritables !

— Je croyais... et je crois... que la vérité... même en amour, est une...

— Cependant, ne voit-on pas, madame... des gens véritablement très épris... ignorer complètement la jalousie ?

— Ceux-là, monsieur, s'ils existent, sont rares...

— Au contraire, ils composent la majorité des amoureux...

— La majorité?... J'en doute... monsieur...

— Pardonnez-moi, madame... car enfin, d'où vient l'absence de jalousie? elle vient d'une excessive et ridicule créance en notre mérite qui, selon nous, doit nous sauvegarder de toute préférence... ou bien, l'absence de jalousie vient encore de notre inébranlable et généreuse confiance dans la personne aimée... d'où il suit que les gens d'un noble cœur et les impertinents infatués d'eux-mêmes, et Dieu sait si ceux-là sont nombreux! me semblent former la majorité des amoureux...

— Le paradoxe est du moins fort ingénieux... voici donc les jaloux en minorité... soit!... Et la jalousie... monsieur, d'où vient-elle ?

— La jalousie?... elle procède toujours d'une vanité misérable, d'un mauvais choix ou d'une mauvaise conscience...

— Quelle conscience ?

— Celle de ne pas suffisamment mériter d'être aimé.

— C'est modestie, alors, monsieur.

— Je ne le crois pas, madame : la modestie ne se révolte pas à la pensée d'une préférence. Elle l'accepte, parce que, ignorante ou doutant de son mérite, elle comprend cette préférence, se résigne et souffre sans se plaindre... Celui qui, au contraire, en amour, a conscience de recevoir plus qu'il ne peut ou ne veut donner, est toujours exigeant, inquiet, soupçonneux, méfiant, instable, injuste... En un mot, il est jaloux, de même que celui qui, ayant mal placé son amour, s'attend et doit s'attendre à le voir trahi ; d'où suit encore la jalousie... Donc, je le répète : les sots infatués d'eux-mêmes et les caractères confiants et généreux, sont ceux-là seuls qui n'éprouvent jamais de jalousie...

— Si les caractères généreux restent étrangers à ce sentiment, vous ne devez pas être jaloux, monsieur Wolfrang.

— Et vous... madame la duchesse ?

— Pourquoi cette question ? quelle est sa pensée secrète ?... que répondre ?... Pour moi, tout peut dépendre du tour que va prendre cet entretien, se dit madame della Sorga, — tandis que, souriant afin de se ménager le loisir de deviner le but de la question de Wolfrang, elle reprenait tout haut et d'une façon ambiguë :

— Mais, savez-vous, monsieur... qu'elle est... au moins étrange... votre question ?

— En ce cas, madame, la vôtre le serait donc aussi ?...

— Moi... c'est différent ?

— Où est la différence ?

— Vous êtes singulier !... Eh bien, répondez d'abord à ma question, monsieur, et peut-être répondrai-je à la vôtre...

— Je ne suis pas jaloux, madame.

— A mon tour de répondre... et que répondre ? — pensait la duchesse della Sorga. — Faut-il garder mon masque?... faut-il l'ôter hardiment ! la franchise me servira-t-elle mieux que l'hypocrisie? Je me sens à peine maîtresse de moi-même... la présence de Wolfrang me trouble, m'enivre... Que veut-il ? Son regard, lorsque parfois je le rencontre, semble, par son éclat passionné, démentir l'accent de sa voix brève et tranchante... Il ne prolongerait pas sans dessein cet entretien sur l'amour et sur la jalousie... Peut-être ma réputation d'austérité lui impose-t-elle ?... Mais, s'il ne ressent aucun attrait pour moi, et que, je me dévoile à lui, peut-être je lui ferai peur... et cependant ma seule chance est peut-être aussi de le frapper par la grandeur de mon audace...

— Oh! pensait en ce moment Wolfrang : je saurai bien, en redoublant de froide insolence, te forcer à un aveu, pour ta honte et pour ton supplice!...

V

L'entretien de Wolfrang et de la duchesse della Sorga ne fut pas interrompu par leurs réflexions secrètes : — *Lui*, se disant qu'il saurait bien la forcer à un aveu. — *Elle*, se demandant si elle devait ôter son masque et se montrer telle qu'elle était, au risque d'épouvanter Wolfrang. Cependant, hésitant devant cette extrémité suprême, madame della Sorga, après ces derniers mots de son interlocuteur : « Je ne suis pas jaloux, » lui avait répondu, en souriant :—Me voici donc obligée de tenir ma promesse et de vous dire, monsieur, si je suis ou non jalouse, ou plutôt si j'ai été ou non jalouse... car, en vérité... à mon âge... (ajoute la duchesse, épiant d'un regard anxieux la physionomie de Wolfrang,) à mon âge, lorsque l'on est mère de deux grands garçons; lorsque l'on est, en un mot, une bonne vieille femme de quarante ans bientôt, parler d'amour et de jalousie, autrement que pour mémoire, comme l'on dit, serait outrageusement ridicule... N'est-il pas vrai, monsieur?

— Madame, vous m'embarrassez beaucoup...

— Vous embarrasser... vous?

— Extrêmement... J'ai en aversion les fadeurs et la banalité des compliments qu'impose la courtoisie... Je devrais donc, en homme bien élevé, prendre un air fort surpris, et m'écrier, selon l'usage consacré : — « Quoi ! madame, ce grand et beau garçon que j'ai vu hier chez moi... est l'un de vos fils?... Je l'aurais cru votre frère... » Ou bien encore, si cette formule surannée me semblait par trop stupide, vous répondre : « Non, madame, vous n'avez point quarante ans, vous avez eu deux fois vingt ans... Et d'ailleurs, la question d'âge ne signifie rien, sinon que vous êtes belle depuis plus longtemps que d'autres, voilà tout... Or, à quoi bon vous dire une chose dont vous êtes convaincue?... A quoi bon me rendre ainsi l'écho superflu des admirations méritées que vous inspirez? »

— Mais, je vous le répète, j'ai les fadeurs en aversion... Donc, soit! excusez ma brutalité, madame ; vous êtes une bonne vieille femme qui ne peut plus parler d'amour et de jalousie que pour mémoire...

— Cette spirituelle boutade (1) serait-elle une déclaration voilée ? — se demandait madame della Sorga, palpitante d'espoir, tandis qu'elle disait tout haut, cédant à un retour de son hypocrisie habituelle :

— Il va de soi qu'en vous parlant, monsieur, de l'amour ou de la jalousie que j'ai pu

---

(1) Avons-nous besoin de faire remarquer, une fois pour toutes, à nos lecteurs, que ce n'est point *nous* qui parlons, mais *nos personnages*, et que ce qui leur semble sublime, touchant ou spirituel, ne l'est probablement point du tout.

éprouver, ces sentiments ne pouvaient avoir pour objet que M. della Sorga...

— Ce serait vous faire injure, madame, que de se permettre seulement de supposer le contraire, — répond Wolfrang, avec une telle apparence de conviction, que la duchesse se dit à part soi :

— Plus de doute : l'austérité de ma réputation lui impose cette réserve, cette contrainte qui percent dans ses paroles ; puis, madame della Sorga reprend tout haut et presque brusquement :

— Soyez sincère : Que pensez-vous de moi ?

— Je ressens, madame, le respect et l'admiration si légitimes que vous inspirez à tous ceux qui ont l'honneur de vous connaître...

— Quoi ! une telle réponse de votre part, monsieur, vous l'ennemi déclaré des fadeurs et des banalités ?

— Vous devez, en effet, madame, trouver fades et banales ces expressions de respect et d'admiration, si souvent répétées autour de vous. Mais, de grâce, à qui la faute ?

— Tenez, monsieur Wolfrang, vous êtes très pénétrant, n'est-ce pas ?

— Fort peu, au contraire...

— Allons, vous raillez.

— Non vraiment, madame...

— Comment? malgré votre expérience du monde, votre esprit si remarquable et si profond, vous vous arrêtez aux surfaces, aux apparences, sans jamais chercher à les sonder?...

— Lors même, madame, que je posséderais cette pénétration dont il vous plaît de me douer, je me garderais bien d'en faire un si mauvais usage...

— En sondant les apparences?

— Certes ! elles cachent souvent de si laides réalités ; et puis, il m'a toujours paru de très mauvais goût d'abord, et ensuite très fâcheux pour soi-même de venir, en butor, fouiller et renverser un édifice souvent élevé avec tant de soins, tant d'habileté, tant de merveilleux artifices, et offrant en somme un aspect imposant ou enchanteur. — Et pourquoi, je vous prie, madame, cette sauvage destruction? Pour se donner le sot et triste plaisir de contempler, au milieu de ces ruines, quelque noire et hideuse réalité au lieu du brillant et séduisant mirage qui vous trom-

pait, mais aussi vous charmait? Non, non !
heureux et sages sont les crédules !

— Est-il sincère, ou ce langage n'est-il
qu'une amère ironie? Ah ! je suis au supplice;
cet homme est impénétrable ! — se disait
madame della Sorga, et tout haut elle reprenait :

— En ce cas, monsieur, pour être conséquent avec vous-même, l'hypocrisie ne devrait pas vous inspirer l'horreur qu'elle soulève d'habitude, car enfin l'hypocrisie n'est
que l'art de produire de séduisants mirages?

— Sans doute : aussi, tant que je suis sa
dupe, l'hypocrisie me charme, puisqu'elle
me fait croire au bien ; mais, lorsque je la
pénètre, elle me révolte.

— Ainsi le vice ayant du moins l'audace
de s'affirmer le front haut, vous inspirerait
moins d'aversion que le vice rusé, flatteur et
lâche?

— Certes, madame, j'aimerais mieux avoir
à me défendre du poignard qui brille à mes
yeux, que du poison caché...

— Monsieur Wolfrang, — reprend madame della Sorga, en suite d'un moment de
silence : — Vous allez vous étonner des sou-

bresauts de ma causerie, qui d'un bond et sans aucune transition, passe d'un sujet à un autre : Croyez-vous à ces passions soudaines, irrésistibles, qui prennent sur nous autres femmes tant d'empire qu'elles nous font oublier toute prudence, toute réserve, et nous livrent sans merci à la tendre pitié ou au mépris de l'objet de cette passion ?

— Voici que, de nouveau, vous m'embarrassez, madame...

— En quoi, de grâce ?

— Selon les règles de la plus vulgaire galanterie, je devrais vous répondre : — « Ah ! madame, jusqu'à présent je doutais de ces amours soudaines, irrésistibles... » — ajoute Wolfrang avec un accent passionné ; — « cependant, depuis que j'ai le bonheur et le tourment de vous connaître, il me faut bien, puisque je le ressens, croire à ce soudain, à cet invincible attrait qui nous séduit, nous égare, nous entraîne... quels que soient le danger et la folie d'un tel amour ; celle qui l'inspire ne dût-elle éprouver pour nous qu'éloignement ou dédain, nous ne vivons plus en nous, hélas ! nous vivons en elle... —« Mais, reprend Wolfrang, changeant subitement d'accent, et redevenant sardonique et froid, — mais, fidèle à mon aversion des fadeurs banales, je vous dirai simplement, madame, que je n'ai jamais cru, que je ne crois point du tout à ces amours fabuleux !

Madame della Sorga avait été au moment de se trahir en entendant Wolfrang accentuer, d'un ton ému et d'une voix vibrante, cette réponse qu'il regardait, disait-il, comme une fadeur banale ; et pourtant le feu de son regard et sa physionomie altérée semblaient témoigner d'une impression si profonde, que la duchesse, éperdue, enivrée, allait, — nous le répétons, — se trahir, lorsque les dernières paroles de Wolfrang, prononcées avec l'ironie glaciale dont ses traits furent empreints de nouveau, affligèrent aussi de nouveau madame della Sorga, dès-lors rejetée dans un abîme de doute et de perplexités.

Elle se reprenait à désespérer de pénétrer la pensée de Wolfrang; ou bien il se jouait insolemment d'elle, ou bien l'austère réputation dont elle jouissait le contenait tellement que, de crainte de voir son aveu repoussé comme un outrage, il recourait à une feinte adroite, afin de laisser transparaître, sous le voile de prétendues faveurs banales, l'impression que lui causait la beauté de la duchesse, malgré son âge.

Cette interprétation flattait trop le secret penchant de madame della Sorga, pour qu'elle ne s'y arrêtât point. Elle se raffermit dans cette créance que Wolfrang, très amoureux, mais trop justement fier pour s'exposer aux dédains d'une femme de quarante ans, dont la rigide vertu lui imposait, avait besoin, ainsi que l'on dit vulgairement, d'être encouragé.

VI

Madame della Sorga, persuadée que Wolfrang *devait être encouragé*, reprit en suite d'un moment de silence, silence qu'elle crut opportun d'expliquer :

— En vérité, monsieur, vous me voyez muette d'étonnement.

— Et d'où vient, madame, cet étonnement?

— De vous entendre nier la soudaineté de

certaines passions irrésistibles, lorsque tant de faits, tant d'exemples, prouvent qu'il est des amours impérieux qui, de prime-abord, vous bouleversent, vous dominent, et prennent sur nous, et malgré nous, un incroyable empire... des amours qui, vous le disiez tout à l'heure avec un accent si convaincu, si entraînant, exercent sur nous tant d'influence, que nous ne vivons plus en nous, mais en la femme dont nous subissons l'attrait invincible.

— Sérieusement, madame, ce sont là des exagérations romanesques.

— Ce sont là, monsieur, malheureusement des vérités.

— La courtoisie, madame, m'oblige de vous croire.

— Je n'accepte pas une pareille concession... Je veux vous forcer à vous avouer convaincu...

— J'ose en douter, madame...

— Mais si je vous cite un exemple?

— Un exemple?

— Oui, un exemple, un fait, qu'aurez-vous à répondre?

— Devant un fait, madame, l'on s'incline

— Eh bien, ce fait, le voici. — Une femme de ma connaissance, je vous tairai son nom, jouissait, à tort ou à raison, d'une réputation irréprochable. Un soir, et remarquez-le, monsieur, ceci est aussi récent que si cela s'était passé hier, — hier, vous entendez?

— Parfaitement, madame.

— Je ne saurais donc citer d'exemple plus récent, plus actuel?

— D'accord, madame... Voyons cette actualité.

— C'est le mot, et vous dites plus vrai que vous ne le soupçonnez peut-être... Donc, un soir, cette femme rencontre dans le monde un homme doué de séductions incroyables...

— Il n'en pouvait être autrement : tout héros de roman doit être doué de la sorte, pour peu qu'il ait à cœur de jouer convenablement son rôle... Mais, mille pardons, madame, de vous interrompre... Je désirais vous prouver que j'entrais complètement dans l'esprit du récit que vous avez la bonté de me faire.

— Monsieur Wolfrang, vous me causeriez un vif déplaisir, je dirai plus, vous me causeriez un chagrin réel, si vous doutiez de ce que je vous atteste... De grâce, ne raillez pas, ce récit est vrai, trop vrai!

— Veuillez, madame, excuser mon interruption; je vous écoute religieusement.

— Il me faut d'abord vous peindre, si je le puis, l'homme dont il est question, afin de vous faire comprendre la soudaine et profonde impression qu'il a causée. Je ne vous parlerai pas de sa jeunesse, de sa mâle beauté, du mélange de grâce, d'élégance et de dignité qui donnent à sa personne un charme extrême... Je ne vous parlerai pas même de la distinction exquise de ses manières qui le rendent le plus accompli des gentilshommes; non, je ne vous parlerai pas de ses avantages extérieurs; ils suffiraient cependant à rendre tout autre homme éminemment remarquable et séduisant; mais ils sont les moindres perfections de celui dont il s'agit... Vous souriez, monsieur Wolfrang, vous doutez de l'exactitude de ce portrait?

— Non, madame, je ne doute pas, j'admire... Les grands peintres ont, je le sais, le secret d'idéaliser une nature souvent vulgaire, en lui conservant néanmoins sa ressemblance.

— Il est impossible de me dire d'une façon plus aimable que je trace un portrait de fantaisie, et pourtant vous seul, entendez-vous; oui, vous seul... n'avez pas le droit de nier la réalité de ce portrait.

— Pourquoi cela, madame?

— Peut-être vous l'apprendrai-je tout à l'heure... Les avantages extérieurs du héros de mon récit sont donc, je vous le répète, ses moindres perfections. Ce qui frappe tout d'abord en lui, et ce qui subjugue, c'est son esprit, tour à tour profond ou d'une piquante originalité; tantôt acéré d'une fine et mordante raillerie, tantôt s'élevant aux considérations les plus hautes, car cet homme extraordinaire n'est étranger à rien; et dans cette soirée que je vous raconte, monsieur Wolfrang, il a donné des preuves des connaissances les plus variées, les plus étendues, des plus futiles aux plus savantes... Mais, voici encore que vous souriez, que vous doutez de la ressemblance du portrait?

— Madame avez-vous lu le *Dictionnaire de la Conversation?*

— Singulière question!

— Veuillez bien y répondre.

— Non, je n'ai pas lu ce livre.

— Ah! madame, quel trésor que le *Dictionnaire de la Conversation!* Donnez-moi le sot le plus assotti de tous les sots, le plus ignare des ignorants, s'il a une bonne dose de mémoire, je l'enferme chaque jour deux heures avec ce livre merveilleux, puis mon sot, bien et dûment seriné par cette serinette du faux savoir, je le lâche dans le monde... O miracle! mon sot s'en va jabottant guerre, finances, arts, industrie, littérature, science, histoire... que sais-je? au grand ébahissement des simples.

— Voici qui n'est point du tout poli de votre part, monsieur Wolfrang.

— Et d'où vient, madame, mon impolitesse?

— Ainsi vous me confondez avec ces pauvres esprits qui ne savent pas distinguer les connaissances sérieuses de celles dont on se donne le faux-semblant, grâce à quelque mémoire?

— Pardon, madame, mais il ne s'agit nullement de votre jugement, mais de celui de l'admiratrice de notre héros, admiratrice sincère, je veux le croire, et par cela même un peu naïve peut-être.

— Soit... Je me suis tellement identifiée avec cette personne, que médire de la sûreté de son jugement en cette circonstance, me paraît attaquer la sûreté de mon jugement, à moi... Mais enfin je veux admettre le contraire de la vérité ; je veux croire que les connaissances de notre héros soient uniquement puisées dans le *Dictionnaire de la Conversation*; il n'en saurait être ainsi, je suppose, du remarquable esprit de cet homme si merveilleusement doué ; car la personne dont je parle est fort à même, je vous l'assure, d'apprécier la valeur de ce rare esprit, dont elle a été profondément frappée... Mais ce n'est pas tout.

— Quoi donc encore, madame ?

— L'on faisait de la musique dans cette soirée : notre héros est invité à se mettre au piano ; il y consent de la meilleure grâce du monde, et alors, monsieur Wolfrang...

— Eh bien, madame ?

— Imaginez la réunion des dons les plus rares... Un talent qu'envieraient les grands artistes, et une voix si expressive, si sympathique... qu'elle fait vibrer, tressaillir toutes les cordes de l'âme ! Enchanteurs et divins accents ! les entendre, c'est ne plus s'appartenir ! Comment résister à l'entraînement d'un chant d'amour passionné dont la langueur brûlante pénètre les cœurs les plus froids, et leur fait rêver le bonheur d'aimer?... Il en fut ainsi de la personne dont je vous parle, monsieur Wolfrang. Déjà fascinée, subjuguée par les autres séductions dorées de son héros, elle ne l'admira plus, elle l'adora. Ce sentiment soudain, irrésistible, elle n'a pas tenté de le combattre... elle s'y est abandonnée tout entière. Dût-il faire le malheur éternel de sa vie, ses tourments mêmes lui seront chers, car elle souffrira pour lui et par lui...

Madame della Sorga s'interrompt un instant, pouvant à peine dominer son émotion, et, n'osant lever les yeux sur Wolfrang, elle ajoute d'une voix faible, presque suppliante :

— Dites... croyez-vous maintenant à ces amours subits... invincibles... dont je vous cite un exemple?... Peut-être méritera-t-il, sinon votre intérêt, du moins votre pitié...

Ah! croyez-moi, elle est bien infortunée... celle-là qui le ressent, cet invincible amour!...

— D'honneur, madame, vous racontez à merveille, — reprend Wolfrang impassible, — vous donnez un charme extrême à ce petit roman.

— Un roman !

— Très ingénieusement arrangé, je le reconnais ; ce vieux canevas d'un amour soudain est brodé par vous, madame, avec un charmant, mais...

— Ah ! je vous le jure, de toute la sincérité de mon âme... ce que je vous dis est la vérité... la douloureuse vérité... je vous le jure!...

— Devant un pareil serment, madame, je n'ai plus qu'à me taire.

— Mon Dieu! vous ne me croyez pas... pourtant!... vous ne me croyez pas...

— Je suis certain, madame, que vous êtes persuadée de ce que vous me faites l'honneur de m'affirmer ; seulement je pense que vous avez trop facilement ajouté foi à la réalité de ce que l'on vous a raconté.

— Mais, puisque je vous jure que rien n'est plus vrai !

— Un serment relatif à ce qui vous serait personnel, madame, me laisserait convaincu, tandis qu'il s'agit d'une autre que vous...

— Ainsi, — reprend après un moment d'hésitation madame della Sorga d'une voix atterrée, — ainsi, ce que je viens de vous raconter, me serait personnel, et je vous affirmerais, sous serment, que c'est la vérité, vous me croiriez?

— Je le devrais, madame, si étrange et si inexplicable... que me parût la vérité...

— Eh bien, puisqu'il le faut, — reprend madame della Sorga, — sachez donc...

Mais, frémissant à la pensée que l'aveu qui allait lui échapper la mettrait à la merci de Wolfrang et pouvait être accueilli par lui avec un froid dédain, la duchesse hésite encore, et d'un ton suppliant :

— Monsieur Wolfrang, soyez généreux, soyez sincère... vous avez deviné...

— Quoi? de grâce...

— Vous le savez bien...

— Pardon, madame, je ne vous comprends pas...

— Non, non! il est impossible que vous ne m'ayez pas devinée...

— Je vous ai confessé, madame, en toute humilité, mon manque absolu de pénétration, — répond Wolfrang imperturbable. — J'ai donc droit à votre indulgence, et vous daignerez m'excuser, si je ne trouve point le mot de l'espèce d'énigme que vous me proposez.

Madame della Sorga, convaincue, et il n'en pouvait être autrement, que Wolfrang, sachant parfaitement qu'il s'agissait d'elle et de lui, voulait cependant la contraindre à un aveu formel, soit par crainte d'être joué, et cela parut et devait paraître probable à madame della Sorga ; soit par crainte de se montrer ridiculement présomptueux en disant qu'en effet il devinait que ce héros, doué de tant de séductions adorables, irrésistibles, *c'était lui-même;* madame della Sorga, pensant qu'après tout, s'il lui était réservé de recevoir le mépris de Wolfrang, elle le subissait déjà, puisqu'il était impossible qu'il n'eût pas pénétré un secret qu'elle rendait si transparent, se résigna, espérant que peut-être Wolfrang serait apitoyé par l'humilité de cet aveu. Elle reprit donc d'une voix tremblante :

— Vous vous retranchez dans votre défaut de pénétration, et pourtant... oh! ne le niez pas... vous avez bien compris, — que cette infortunée, que cette femme, victime d'un amour invincible, c'était... c'était...

— Achevez, je vous prie, madame?

— C'était... moi...

Et la duchesse, écrasée de confusion, le front penché, les yeux fixés sur le parquet, ajoute d'une voix presque défaillante :

— Et celui qui a causé sur moi cette impression si profonde, c'est...

— Qui donc, madame?

— Vous!...

— Ah! madame la duchesse, — répond Wolfrang, — permettez-moi de vous faire observer, avec tout le respect qui vous est dû, et en vous empruntant les paroles que vous m'adressiez tout à l'heure... voici qui n'est point poli du tout.

— Misérable que je suis! j'ai bu la honte... et vais maintenant dévorer le mépris, — se dit l'horrible femme, à qui l'accent sardonique de Wolfrang ne laissait aucune espérance. Elle n'osait, dans sa terreur, lever les yeux sur lui, et sentait, pour ainsi dire, le poids du regard de froid dédain qu'il laissait tomber sur elle et qui la glaçait jusque dans la moelle des os.

— Non, madame la duchesse, non ! — reprit Wolfrang, il n'est point poli à vous de me décerner ainsi un brevet d'imbécille fatuité... En mon âme et conscience, je ne le mérite pas ; et, malgré la triste opinion que vous avez de mon esprit, madame, je ne tomberai pas, s'il vous plaît, dans le malin piége que vous m'avez tendu très finement, je le confesse, et où d'autres que moi se seraient laissé prendre.

— Monsieur, — balbutie madame della Sorga, éperdue de confusion, de désespoir et de rage, car le ressentiment des dédains de Wolfrang commençait de transformer en elle son fol amour en haine féroce, — je ne sais... vous vous méprenez... je...

— Pardon, madame, je ne me méprends point... Vous m'avez cru assez infatué de mon mérite pour aller m'imaginer bêtement que vous, madame la duchesse della Sorga, vous, si justement entourée de la vénération de votre famille ; vous, madame la duchesse, dont les vertus austères, les principes rigides, sont l'objet d'un respect, et d'une admiration universelle si mérités... vous étiez soudain devenue follement éprise de moi ?... Voyons, entre nous, madame, comment avez-vous pu me supposer assez dépourvu de bon sens et assez pourvu de sotte vanité, pour être capable d'ajouter foi à ce bel aveu ?

Puis, souriant, Wolfrang ajoute :

— Je frémis en songeant aux sanglants sarcasmes dont vous m'eussiez bafoué, n'est-ce pas, si j'avais été dupe de votre ingénieuse malice ?... Certes, je ne feindrai pas ici une modestie aussi impertinente que la présomption... mais enfin, je ne suis ni un niais, ni un fat; vous avez trop d'esprit, trop de tact, madame, pour vous être complètement abusée à mon égard. Comment avez-vous pu espérer me rendre victime d'un si méchant tour ?

VII

La duchesse della Sorga n'avait pas interrompu Wolfrang. Son ironie polie, froide et acérée allait droit au cœur de l'horrible femme ; mais, douée d'une incroyable puissance de dissimulation et d'empire sur elle-même, lorsque les passions ne l'entraînaient pas, elles domina peu à peu ses terribles émotions, reprit son masque, et regardant fixement Wolfrang avec un mélange de hauteur et de surprise merveilleusement jouées :

— En vérité, monsieur, je ne sais si je rêve ou si je veille...— Et redoublant de hauteur, toisant Wolfrang d'un œil ferme et insolent : l'audace incroyable de vos paroles me confond à ce point que je me demande encore si vous avez osé les prononcer ?...

— Bon Dieu, madame ! de quelle énormité me suis-je donc rendu coupable ?

— Il me paraît, monsieur, que, bien que vous ne soyez, selon vous, du moins, ni un fat, ni un niais, vous n'avez pas, monsieur, une idée fort nette des usages d'un certain monde...

— Auriez-vous alors l'extrême obligeance, madame, de daigner faire un peu mon éducation à cet endroit-là ?

— J'y consens, répond la duchesse della Sorga, en prenant son plus grand air de grande dame. Je dois donner une leçon de savoir-vivre à monsieur Wolfrang... Cette leçon, il la recevra, et elle lui sera profitable, je l'espère, ainsi qu'aux gens qui voudront bien le recevoir... car je n'ai point besoin d'ajouter qu'il ne peut à l'avenir se permettre de remettre les pieds chez moi...

— Monsieur Wolfrang est assurément désolé d'une pareille exclusion, mais il supplie en toute confusion madame la duchesse della Sorga... d'arriver à la leçon promise avec tant de bonne grâce, car il trouve cet entretien amusant au dernier point.

— Cette leçon, la voici, — réplique madame della Sorga, livide de rage à peine contenue, car le froid persifflage de Wolfrang la met hors d'elle-même : — Madame la duchesse della Sorga ayant, malgré sa première et très concevable répugnance, daigné agréer hier l'invitation presque impertinente que lui adressait le propriétaire de l'hôtel qu'elle loue, a bien voulu se rendre chez ce monsieur, et il a eu, paraît-il, la cervelle détraquée par cette marque de condescendance...

— Ce pauvre monsieur, malgré le détraquement de son cerveau, s'estime très heureux de conserver assez de lucidité d'esprit pour reconnaître et déclarer à madame la duchesse... que tout ceci... est de la plus grande force, et pour le sangfroid, et pour

le jeu de la physionomie, et pour l'accent...
— reprend Wolfrang avec un hochement de tête admiratif. — C'est très fort décidément... c'est très fort !...

— Ce monsieur... — poursuit, calme et imperturbable... cette mégère qui, en ce moment, si elle avait pu, aurait poignardé Wolfrang, — ce monsieur, s'oubliant à ce point incroyable de voir dans l'honneur insigne, inespéré... que daignait lui faire madame la duchesse della Sorga, en tenant chez lui un commencement de relations d'égal à égal, a complètement perdu la notion des distances, et ce monsieur... est devenu familier...

— *Ce monsieur est devenu familier...* est un excellent trait, s'écrie Wolfrang ; il est d'un haut comique et du meilleur aloi !

— Ce matin, — poursuit madame della Sorga, dont le calme ne se dément pas, mais dont le regard devient effrayant... — ce matin, se croyant autorisé à faire une visite à madame la duchesse della Sorga, ce monsieur s'est permis de se présenter chez elle. C'était témoigner d'une rare impudence ou d'une grossière ignorance des usages... Madame la duchesse della Sorga a bien voulu ne voir dans... ce monsieur, qu'un homme parfaitement mal élevé... Il devait sans doute aussi à l'éblouissement très concevable de son titre de... *propriétaire*, titre qu'il croit probablement marcher de pair avec la grandesse...

— Ah! j'aime moins cela!... — répond Wolfrang d'un ton légèrement désapprobatif... — Cette plaisanterie sur les propriétaires... ne me semble pas de très bon goût... mais, sauf cette petite dissonnance, tout le reste est irréprochable... Madame la duchesse excusera cette observation uniquement dictée par l'amour de l'art...

— Madame la duchesse della Sorga s'abusait... (poursuit l'odieuse créature); — ce monsieur était, il est vrai, excessivement mal élevé, mais il était, par surcroît, d'une prodigieuse insolence, si toutefois ce terme suffit à qualifier la plus outrageante des aberrations où l'outrecuidance et la sottise puissent jeter un homme... En un mot, interprétant avec une effronterie et une fausseté sans égales quelques paroles fort insignifiantes de madame la duchesse della Sorga...

ce monsieur a simplement et modestement conclu qu'elle était amoureuse de lui...

— Ah! madame, madame, permettez-moi de vous exprimer ici, et très sérieusement, le sincère et profond regret que j'éprouve! — s'écrie Wolfrang d'un ton si pénétré, si convaincu, que madame della Sorga, espérant l'avoir cruellement blessé, semble l'engager à parler... Il reprend : — Oui, madame, en vous écoutant j'éprouve le sincère et profond regret de penser que votre rang, votre naissance, enlèvent un admirable et prodigieux talent à l'art dramatique... Mon Dieu! je le sais, vous me répondrez à cela, madame, que le monde est votre théâtre... c'est vrai ; — que vous y jouez votre rôle à faire frémir... mon Dieu! c'est encore vrai... mais, songez donc, madame, que malheureusement l'on ignore que vous jouez un rôle... Hélas! vous n'avez d'autre spectateur que vous-même! et quels que soient les éloges que vous êtes en droit de vous accorder, vous perdez l'enivrante récompense du génie... ces applaudissements, ces ovations, ces triomphes... dont les comédiennes des autres théâtres sont si fières et si jalouses! Ah! madame! daignez écouter la prière de l'un de vos plus obscurs, mais de vos plus fervents admirateurs, je viens, grâce à un bienheureux hasard! de voir se développer dans ses nuances infinies votre magnifique talent... je vous en supplie, foulez aux pieds des préjugés vulgaires, ayez le courage de l'abnégation, sacrifiez-vous à cet art, dont vous serez l'ornement et la gloire! Ne privez pas plus longtemps la scène de votre présence... Vous n'êtes qu'une grande dame, vous serez la plus grande des artistes de nos jours! et...

Le majordome Bartholomeo, entrant alors dans le salon, interrompt Wolfrang.

Il était temps...

La rage de madame della Sorga, si péniblement contenue jusqu'alors, allait éclater... Égarée par la fureur, par la haine aussi, et — contraste étrange! — par son amour, car son désespoir et les mépris de Wolfrang n'étouffaient pas cette passion forcenée, la duchesse s'était peu à peu rapprochée d'une table du salon où se trouvait un de ces bijoux-poignards destinés à couper les feuillets des livres, et il pouvait devenir une arme meurtrière... Déjà la duchesse le saisissait d'une main convulsive, lorsque, à la vue du majordome, elle retrouva en partie sa présence d'esprit.

— Monsieur, — dit Bartholemeo à Wolfrang, en s'inclinant devant lui, — votre intendant désire vous entretenir à l'instant d'une affaire très urgente ; il est, de plus, chargé pour vous, monsieur, d'une commission de la part de madame Wolfrang.

A ces derniers mots du majordome, entendus par madame della Sorga, celle-ci, redevenue tout à fait maîtresse d'elle-même, et certaine que son dégradant aveu serait confié à Sylvia par Wolfrang, sentit s'exaspérer la jalousie et la haine que lui inspirait la jeune femme.

Wolfrang, se rapprochant alors de la duchesse et la saluant, lui dit avec autant d'aisance que si leur entretien précédent n'était en rien sorti des termes ordinaires de la conversation :

— Veuillez m'excuser, madame, si je prends un peu brusquement congé de vous... mais...

— Bartholomeo, — dit la duchesse della Sorga s'adressant au majordome, avec un accent de dignité imposante et lui désignant du geste Wolfrang, qu'elle interrompt, — regardez bien monsieur, afin de le reconnaître au besoin...

— Excellence... — balbutie le majordome abasourdi, — je... je...

— Regardez bien monsieur, — répète la duchesse, — et, s'il se présente de nouveau chez moi, vous lui répondrez que je ne suis pas visible.

— Bravo, madame! — dit à demi-voix et d'un air d'intelligence Wolfrang à la duchesse, — la scène est complète ; ce dernier trait la couronne... Bravissimo ! — Puis, Wolfrang ajoute tout haut d'un ton pénétré, en saluant profondément : — Ah ! madame, combien j'étais loin de m'attendre à ce qu'un léger désaccord survenu entre nous dans une discussion sur... l'art théâtral... dût m'attirer de votre part un traitement si rigoureux ! Mais, croyez-le, madame... cette sévérité que j'ose dire imméritée, n'altère en rien le respectueux souvenir de votre bienveillance passée...

Wolfrang, sortant alors du salon, dit au majordome qui le précédait :

— Eh bien, mon pauvre Bartholomeo, me voici chassé de chez votre maîtresse, pour avoir trop vanté le talent d'une admirable comédienne !

— Cela ne m'étonne point du tout, monsieur, — répond en souriant Bartholomeo; — madame la duchesse est si rigide que toutes les comédiennes lui font horreur, et Son Excellence ne consent à aller entendre des opéras... que parce que son directeur considère l'opéra... comme un concert... Que voulez-vous, monsieur !... madame la duchesse est une sainte... une sainte... mais elle reviendra certainement d'un premier mouvement, et nous aurons, je l'espère, l'avantage de revoir monsieur.

— Le ciel vous entende, mon digne Bartholomeo ! — répond Wolfrang, allant rejoindre Tranquillin.

— *O misera... odio... y... amo !* — avait dit la duchesse, tombant anéantie sur un fauteuil après le départ de Wolfrang.

—O misérable... que je suis... je hais... et j'aime.

Telle est la traduction de l'exclamation de madame della Sorga.

VIII

Wolfrang trouva Tranquillin qui l'attendait sous le péristyle de l'hôtel occupé par madame della Sorga, et tous deux se dirigèrent vers leur demeure en s'entretenant de la sorte :

— Sylvia, dis-tu, désire me voir le plus tôt possible ?

— Oui, seigneur.

— Est-ce qu'elle est souffrante ?

—Mon honorée maîtresse, en revenant de la maison de location, était pâle et si faible... si faible, qu'elle a dû accepter mon bras pour gravir les marches du perron.

— Pauvre enfant !.. elle a dû être si cruellement impressionnée par le désespoir d'Antonine lorsqu'elle aura su le suicide d'Albert Gérard, — pensait Wolfrang, et il reprit tout haut :

— Qu'avais-tu de plus à m'apprendre, Tranquillin ?

— Ah ! seigneur !... quelque chose d'énorme...

— Qu'est-ce ?

— Quelque chose de monstrueux, à quoi mon honoré maître ne voudra point croire...

— Enfin... qu'est-ce ?

— J'étais paisiblement dans mon bureau, occupé de mes comptes, lorsque ce digne Saturne introduit chez moi une dame, en me disant qu'elle aspire à louer l'appartement vacant au premier étage... Je quitte mon bureau, je m'incline préalablement devant cette dame... puis je... l'envisage... et alors... Ah! seigneur !

— Eh bien ?

— Je m'aperçois que ce n'est pas une dame, pas même une femme...

— Qu'était-ce donc ?

— Une créature ! — répond Tranquillin, levant ses grands bras vers le ciel. — Oui, seigneur, une véritable créature !

— Que diable me contes-tu là !... Est-ce que nous ne sommes pas tous des créatures ?

— Ah ! mon honoré maître, il y a, Dieu merci, créatures et créatures !

— Achève donc...

— Je vous disais, seigneur, que dans cette audacieuse postulante à la location du premier, je reconnais... une créature, dans la plus déplorable acception du mot...

— Et comment parviens-tu à cette découverte, sagace Tranquillin ?

— Je l'avais déjà rencontrée...

— Ah ! ah ! monsieur Tranquillin, vous avez de pareilles connaissances ?

— Seigneur ! pouvez-vous le supposer ?... Bonté divine... le hasard seul... m'a permis de...

— Soit... Comment se nomme cette personne ? qui est-elle ?

— Ce qu'elle est... je n'ose, par pudeur,

le révéler à mon honoré maître... Quant au nom de la créature... hum ! hum !

— Continue donc... il faut t'arracher les paroles une à une...

— C'est que son nom... seigneur... si tant est que ce soit un nom, est tellement inconcevable, que...

— Il n'importe, dis-le.

— *Cri-cri*, — répond Tranquillin, rougissant d'une indignation rétrospective, et levant de nouveau ses grands bras vers le ciel ; — est-il possible ! une *Cri-cri* !... dans la maison du bon Dieu !

— A merveille... — reprend Wolfrang, se rappelant l'entretien de cette fille avec Saturne, entretien auquel il avait assisté inaperçu d'elle. — Mademoiselle *Cri-cri* est donc selon ton langage, postulante à la location de l'appartement vacant au premier étage ?

— Oui, seigneur, elle a l'effronterie de le postuler... elle le postule, la drôlesse !...

— Tranquillin, cette expression...

— ... Est déshonnête, j'en conviens, seigneur ; mais l'indignation me l'arrache...

— Il ne faut point cependant nous départir du respect dû à nos locataires...

— Certes, seigneur, je les vénère.. mais une simple postulante, surtout lorsque c'est une... *Cri-cri*...

— Dès aujourd'hui, dès cette heure, elle fait partie des locataires de la maison...

— Quoi! balbutie Tranquillin stupéfait. — Quoi, vous... voudriez?...

— Tu loueras l'appartement à cette honnête demoiselle.

— Bonté divine!.. Mais, seigneur, vous n'y pensez pas...

— Je tiens absolument à ce que mademoiselle Cri-cri demeure céans.

— L'ai-je bien entendu?... l'ai-je bien entendu!

— Oui, et qui mieux est, je logerai gratis cette donzelle... je la paierai, s'il le faut, pour la posséder ici.

— C'est différent, c'est très bien... mon honoré maître est roi dans sa maison, — répond Tranquillin, essuyant la sueur que sa stupeur croissante fait perler à son front. — Mon devoir est d'obéir à mon maître ; permettra-t-il du moins une humble observation à un vieux serviteur ?

— Parle, mon digne Tranquillin.

— Nous possédons déjà dans la MAISON DU BON DIEU... quel sarcasme! un forçat libéré et son chien, *Bonhomme*. Ces deux repris de justice... sont, il est vrai, d'honnêtes gens, malgré les apparences contraires... mon honoré maître l'affirme, je le crois.

— Tu dois le croire; mais, par contre, mon pauvre Tranquillin, nous possédons ici... sois discret...

— Ah! seigneur... ma discrétion...

— Je la connais; aussi te dis-je que nous possédons céans de si grands scélérats, que *la maison du bon Dieu* devrait s'appeler *la maison du Diable*, car les méchants y sont en majorité. Or, il importe peu... ou plutôt il importe beaucoup... que ta drôlesse vienne augmenter cette bande d'affreux coquins.

— Qu'il en soit alors selon les vœux de mon honoré maître! Il a ses vues, qu'elles s'accomplissent!... il ne pourra en résulter que le bien et le juste, — dit gravement Tranquillin. — Mais ne craignez-vous pas, seigneur, les réclamations de cette majorité d'affreux coquins? Ils se montreront probablement d'autant plus offusqués d'avoir pour co-locataire mademoiselle Cri-cri, que plus scélérate est leur hypocrisie ?

— Ceux-là qui se trouveront blessés du voisinage de cette fille, quitteront la maison. Telle sera ton inflexible réponse à toute réclamation au sujet de mademoiselle Cri-cri ; tu m'entends ?

— Oui, seigneur. Et maintenant qu'elle est devenue, de postulante, locataire... en titre... elle a droit à tous mes respects... sans compter que... que...

— Pourquoi t'interrompre ?

— Mon honoré maître sait que son fidèle Tranquillin est muet comme la tombe, au sujet des secrets qu'il doit garder ?

— Certes, je connais, te dis-je, ta discrétion, ta fidélité à toute épreuve, bon et digne serviteur.

— Je ne voudrais donc pas, seigneur, être soupçonné par vous de vouloir indiscrètement pénétrer vos desseins, en admettant céans mademoiselle Cri-cri ; et cependant, je me dis que ces desseins, elle doit sans doute les servir ?...

— Certes, et grandement ; mais... à son insu...

— Je me permettais cette question, afin de savoir, seigneur, si vous n'aviez pas d'ordres particuliers à me donner au sujet de l'établissement de cette demoiselle dans la maison?

— Non, — répond Wolfrang après un moment de réflexion, — non... je désire seulement qu'elle vienne demeurer ici le plus tôt possible, car c'est vraiment le diable qui l'envoie dans la maison du bon Dieu...

— En ce cas, qu'elle y soit, seigneur, la bien venue! — répond Tranquillin avec une sorte de componction. — Quant à s'établir ici le plus tôt possible, c'est l'unique désir de cette demoiselle... elle tenait même à venir coucher ici cette nuit.

— Tant mieux!... Tâche qu'elle persévère dans cette résolution... ceci est fort important...

— Je ferai donc de mon mieux à ce sujet.

— Où est-elle à cette heure?

— Dans mon cabinet, où elle attend votre réponse.

— Va donc la retrouver; tu la conduiras dans l'appartement, afin qu'elle le visite.

— Elle m'a plusieurs fois répété que peu

lui importait l'appartement, et que ce qu'elle voulait avant tout, c'était loger ici.

— Quoi qu'il en soit, si elle désirait quelques meubles plus somptueux, quelques ornements plus riches dans son appartement, accorde-lui tout ce qu'elle demandera... Tu viendras m'apprendre si elle se décide à coucher ici cette nuit, et si quelque incident, quelque remarque te frappe... à son sujet, tu m'en instruiras sur-le-champ.

— Oui, seigneur...

— Je vais rejoindre Sylvia.. tu me trouveras chez elle, — ajoute Wolfrang en gravissant les degrés du perron de l'hôtel, devant lequel l'intendant et son maître étaient arrivés en causant.

Tranquillin se rend dans son cabinet, en toute hâte, très empressé, en suite de son entretien avec son maître, d'apprendre à mademoiselle Cri-cri que, de postulante, elle devient l'une des locataires de *la maison du bon Dieu*.

IX

Tranquillin ayant conduit Cri-cri dans l'appartement vacant au premier étage, appartement où la splendeur se joignait à l'élégance la plus raffinée, venait de le faire visiter en détail à la nouvelle locataire, la traitant, — selon les ordres de son maître, — avec autant de cérémonieuse déférence que s'il se fût adressé à la femme la plus honorable. Tous deux se trouvaient alors dans l'antichambre.

La porte, ouverte à deux battants par Tranquillin — il savait son monde, et que l'on ouvre toujours les deux battants d'une porte devant une personne considérable, — donnait sur le palier de l'escalier.

— Maintenant, madame connaît l'appartement, — dit Tranquillin à Cri-cri. — Il a de plus, pour dépendances, trois belles chambres de domestiques, au quatrième étage..... Et j'ai l'honneur de le répéter à madame : si quelque partie de l'ameublement, ou les ornements ne lui paraissaient point suffisamment élégants ou riches... elle n'a qu'à parler... je dois me conformer à tous les désirs de madame. Tels sont les ordres de mon honoré maître.

— Je n'en reviens pas... En voilà un de propriétaire qui peut se vanter d'être le phénix de sa vilaine espèce, ordinairement composée de vautours et de fesse-mathieu, — disait *Cri-cri*, fort surprise des offres prévenantes de l'intendant. — Quelle drôle de maison !... Et vous dites que le prix de cet appartement est de ?...

— Trois mille francs par an...

— Six pièces au premier, meublées comme

un palais... C'est donné. Combien Luxeuil paie-t-il de loyer, lui?

— Il paie aussi trois mille francs. Mais M. de Luxeuil a la jouissance des deux écuries dépendantes du premier étage.

— Je le crois bien, que ce grippe-sou-là est venu demeurer ici! Il est logé comme un prince, — reprend Cri-cri; et elle ajoute en riant : — Va-t-il être supris et surtout vexé de m'avoir pour voisine!

— Vexé!... ah! madame, madame, que dites-vous là?... M. de Luxeuil est trop galant pour...

— Lui! ah! bien oui!... Je vois d'ici le nez qu'il va faire en apprenant que je suis sa voisine... Et c'est justement à cause du nez qu'il fera que je viens m'établir ici.

— Je comprends : c'est une aimable surprise que madame ménage à M. de Luxeuil, chez qui j'ai déjà eu l'avantage de la voir.

— Tiens! quand donc cela?

— Hier, dans la matinée, lorsque madame, ménageant à M. de Luxeuil une autre espèce de surprise, voulait plaisamment... tout casser chez lui.

— Ah! vous étiez là?

— J'avais cet honneur.

— Eh bien ! je ne vous ai pas remarqué... j'étais si furieuse !

— Mais la fureur de madame s'est apaisée, témoin l'aimable surprise qu'elle ménage à M. de Luxeuil ?

— Oui, aimable... à la façon de Barbari... mon ami...

Et riant, Cri-cri ajoute : — Mon brave homme, savez-vous ce que c'est qu'une *scie*, vous ?

— Parfaitement, madame, parfaitement, une *scie* est un instrument de menuiserie, moyennant lequel...

— Pauvre bonhomme, vous me faites de la peine !...

— Moi... grand Dieu ! j'aurais le désagrément de... faire de la peine à madame ?...

— Comment, à votre âge, vous ne savez pas ce que c'est qu'une *scie*, en argot de rapin ?

— Ignorant, madame, ce que c'est qu'un rapin, j'ignore conséquemment son argot.

— Eh bien, mon vieux, une *scie*, en argot

d'atelier, car dites donc, telle que vous me voyez, j'ai fréquenté les ateliers... j'ai posé les torses, moi !

— Ah !... madame... a... posé... les...

Mais Tranquillin s'interrompt, ne comprenant pas encore le sens des paroles de la nouvelle locataire, et il reprend :

— Oserai-je demander à madame, révérence parler, ce que c'est... que... poser les torses ?

— Quel innocent vieillard ! J'ai été modèle dans les ateliers... quoi donc !

— Bonté divine ! nous aurons pour locataire une créature qui...

Tranquillin s'arrête, rougissant de confusion devant une pensée qu'il n'ose même achever, puis il ajoute à part soi :

— Ah ! il me faut obéir à mon dévouement aux ordres de mon honoré maître pour ne point manifester l'horreur que m'inspire cette impudique. — Puis il reprend tout haut et baissant chastement les yeux :

— Pardon... madame... je...

— Ah bien, mon cher... c'est vous qui joueriez fameusement le rôle de saint Antoine dans la Tentation, — dit en riant Cri-cri, — vous voilà rouge comme un coquelicot.

— N'ayant jamais eu jusqu'ici l'avantage de rencontrer... de... enfin... la surprise...

— Vieille rosière... va!... je t'adore!

— Elle me tutoie! — se disait Tranquillin effaré : — quelles manières!

— Mais, pour en revenir à ce que c'est qu'une *scie*, c'est quelqu'un ou quelque chose qui vous scie du matin au soir, en d'autres termes, qui vous embête énormément à tous les instants du jour, reprend Cri-cri. — Or, hier en m'en allant, j'ai remarqué pour la première fois l'écriteau pendu à la porte cochère.. Quelles délices! un appartement à louer dans la même maison que Luxeuil... que j'idolâtre, le monstre! et dont je suis jalouse comme un tigre, quoiqu'il ne m'ait jamais seulement fait cadeau d'un bouquet, ce grippe-sou, et qu'il me fasse souvent défendre sa porte. Aussi, voyez-vous, mon vieux, je n'ai pas fermé l'œil de la nuit, en songeant qu'en demeurant ici, je pourrais être du matin au soir, sur les talons de Luxeuil et lui faire des scènes atroces, s'il ne marchait pas à mon idée... Voilà pourquoi j'aurais payé cet appartement les yeux de la tête... et voilà pourquoi j'emménage ici aujourd'hui, car...

Soudain Cri-cri s'interrompt et elle voit à travers la porte de l'antichambre, restée ouverte, M. de Francheville traverser le palier du premier étage et monter à son appartement, situé à l'étage supérieur. — Tiens, tiens, qu'est-ce qu'il vient donc faire ici, mon protecteur ? — dit Cri-cri, suivant d'un regard surpris M. de Francheville qui ne l'a point aperçue ; puis s'adressant à Tranquillin :

— Est-ce qu'il vient souvent dans la maison, M. Duport ?

— Quel M. Duport... madame ?

— Le monsieur qui monte l'escalier. — Ce disant, Cri-cri désigne du geste le haut fonctionnaire à l'intendant.

Celui-ci lève la tête, regarde et répond :

— Madame se trompe.

— Comment, je me trompe ?

— Ce monsieur dont elle parle est M. de Francheville.

— Allons donc ! je n'ai pas la berlue... et je le connais de reste, allez, celui-là ! c'est M. Duport, un négociant retiré.

— J'affirme à madame que ce monsieur se nomme M. de Francheville : c'est l'un de nos locataires.

— Hein ! — fait Cri-cri avec les signes d'une surprise extrême. — Vous dites ?

— Que ce monsieur... loge ici.

— Et qu'il s'appelle ?

— M. de Francheville.

— Lui !

— Oui, madame, il est secrétaire du ministre des travaux publics.

— Secrétaire... qu'est-ce que c'est que ça ?

— C'est environ l'homme de confiance du ministre, madame.

— Lui... quasi ministre ?... lui !

— Sans doute, madame, et il exerce ce haut emploi à la satisfaction générale, car...

— Ah ! par exemple ! — reprend Cri-cri, suffoquée par cette découverte. — Ah ! par exemple ! en voilà une sévère !

Cri-cri réfléchit un moment, puis :

— Ah çà, monsieur Tranquillin, pas de bêtises au moins !

— Madame, je...

— Vous êtes bien sûr de ce que vous dites là ?...

— Très sûr, madame, M. de Francheville demeure dans la maison depuis six mois.

— Vieux roué ! il a deux appartements, et il m'a donné un faux nom ! — dit Cri-cri, de plus en plus interloquée. — Qu'est-ce que tout cela signifie ? Ah ! je veux à l'instant même...

Et Cri-cri s'adressant à l'intendant :

— J'entre ici ce soir, c'est entendu... Je paierai six mois d'avance... et voilà toujours pour arrhes un billet de mille francs.

Et Cri-cri donne à Tranquillin le billet qu'elle tire de son porte-monnaie, puis se dirigeant rapidement vers l'escalier :

— J'ai deux mots à dire à ce monsieur, je n'ai plus besoin de vous ; vous pouvez descendre.

— Oh ! oh ! fit Tranquillin, voyant Cri-cri monter, quatre à quatre, les marches qui conduisaient au second étage. — Mademoiselle Cri-cri connaît M. de Francheville sous le nom de Duport, négociant retiré. *Item*, elle est surprise au dernier point en apprenant le véritable nom et l'emploi de M. de Francheville. *Item*, elle se propose de plus d'être la *scie* de M. de Luxeuil... la *scie !*...

quel langage! mais quoi d'étonnant lorsque l'on a posé... dans les ateliers!... des rapins! Et la voilà, nonobstant, notre locataire! Ah! j'en rougis pour la maison! Allons néanmoins, sur-le-champ, instruire mon honoré maître... de ces divers incidents. J'enverrai Saturne fermer les portes de l'appartement.

X

M. de Francheville, à l'aspect de Cri-cri, reste d'abord stupéfait, la main posée sur la clé qu'il venait de mettre dans la serrure ; puis il se hâte d'introduire chez lui cette visiteuse inattendue.

Ici je pose l'une de ces questions qui semblent éternellement insolubles.

Comment un homme tel que M. de Francheville, d'un caractère honorable, d'une intégrité longtemps irréprochable, d'un esprit distingué, habitué depuis sa première jeunesse au commerce de la bonne compagnie... oui, comment M. de Francheville avait-il pu s'éprendre follement d'une fille sans mœurs, sans cœur, d'une vulgarité insolente et grossière, possédant à peu près tous les vices et n'ayant pour avantages que ses dix-huit ans, sa taille charmante, sa fraîcheur, sa figure libertine et son œil lubrique!

Comment enfin, et surtout, M. de Francheville avait-il pu à ce honteux, à cet ignoble amour, sacrifier trente années d'une vie sans tache, et devenir, en quelques jours, un vil coquin, cherchant à s'assurer l'impunité de ses actes par les ruses de l'astuce la plus perfide et la plus noire?

La passion, si déréglée qu'elle soit, non-seulement ne saurait jamais, en quoi que ce soit, excuser de pareilles indignités... mais elle peut à peine les expliquer... non plus que des milliers de faits analogues... Ils sont, hélas! *par ce qu'ils sont*... et ne prouvent qu'une chose : la lâche perversion du sens moral de ceux-là qui s'en rendent coupables.

L'entraînement prétendu *irrésistible* de la passion mauvaise est un argument inventé par les coquins ou par les scélérats pour les besoins de leur cause.

Cela n'est pas vrai.

Il est parfaitement possible, et parfois même aisé de résister à une tentation funeste. Les gens les plus pervers ont, nous l'avons déjà dit, pleine connaissance et entière conscience de leur coulpe. M. de Francheville savait si bien l'infamie de la vénalité dont il se rendait coupable, qu'il recourait, pour la cacher, à des moyens d'une profonde et exécrable habileté.

Et cependant, dira-t-on, il était honnête homme? témoin sa vie jusqu'alors honorable!

Cette vie longtemps honorable témoigne uniquement que M. de Francheville n'avait pas rencontré jusqu'alors l'occasion de faillir. Un homme foncièrement honnête, pénétré de l'idée du devoir, aurait facilement triomphé de sa prétendue *passion* pour mademoiselle Cri-cri, ou plutôt, n'eût ressenti aucune espèce de passion pour une pareille drôlesse !

Rien n'est encore plus faux, plus antimoral que ces prétendus penchants, toujours irrésistibles, cela va de soi, lesquels, en vertu de nous ne savons quelle absurde loi de l'*attraction des contraires*, pousse une honnête femme à aimer un misérable, ou un honnête homme à épouser une coquine.

Cela n'est pas vrai !

Jamais la vertu ne ressent sciemment d'attraction pour le vice. — Elle peut se laisser tromper par l'apparence, par l'hypocrisie, et alors elle est dupe du vice, mais non pas sa complice. — Or, mademoiselle Cri-cri ne cherchait pas, n'avait jamais cherché à surprendre M. de Francheville par de faux dehors. — Loin de là, elle ne déguisait en rien ses impudeurs. — Il cédait donc aux affinités de sa nature vicieuse en s'affolant d'un objet crapuleux. — Or, ces affinités ne se fussent pas révélées chez lui, s'il avait été, nous le répétons, — foncièrement honnête homme.

Non, non, l'alliance du bien et du mal,

sciemment consentie, serait un accouplement monstreux, contre nature, et partant impossible.

Cela dit et prouvé, — nous le pensons du moins... — passons.

XI

M. de Francheville, ayant introduit Cri-cri dans son salon, éprouvait à la fois tant de surprise, et surtout tant et de si diverses appréhensions, que d'abord il resta muet de stupeur et de crainte en se voyant reconnu.

— Bonjour donc, monsieur de Francheville ! bonjour donc, monsieur le secrétaire du ministre de je ne sais plus quoi... — avait dit l'*ex-modèle* d'un ton sardonique à ce haut fonctionnaire. — Ah! nous prenons un faux-nom, comme si ce n'était pas déjà bien gentil de prendre un faux-toupet ! — allusion aux mèches empruntées sous lesquelles M. de Francheville dissimulait sa calvitie. — Ah! nous nous donnons pour un négociant retiré! Eh bien! j'en apprends de belles sur ton compte, dis donc, *mon Anatole* ?

M. de Francheville ne s'appelait point Anatole, mais Cri-cri avait trouvé bouffon d'affubler ce vieillard de ce prénom jeune et coquet, d'*Anatole.*

— Écoutez-moi, Marguerite, — reprend M. de Francheville d'une voix contenue, — la position officielle que j'occupe au ministère m'obligeait à certains ménagements. J'ai dû, depuis que je vous connais, vous cacher qui j'étais réellement. Si vous l'aviez su, j'aurais eu à craindre votre indiscrétion... et...

— Tout ça, c'est des blagues... à moins que tu ne sois marié et père de famille... L'es-tu ?

— Non.

— Eh bien, alors... pourquoi as-tu pris un faux-nom. Il ne te manquait plus que de prendre un faux-nez, mon Anatole. Il y a une autre raison que celle que tu me donnes au sujet de ta position.

— C'est la seule, vous dis-je.

— Allons donc ! est-ce que les employés du gouvernement font des vœux comme les trappistes ? Tu vas me faire croire que toi, célibataire, tu ne peux pas, si cela te plaît, avoir une maîtresse au vu et au su de tout le monde ?

— Il est certaines convenances sociales dont vous n'avez pas et ne pouvez pas même avoir l'idée. Ainsi, toute discussion là-dessus serait inutile.

— Pas du tout ; j'ai mes raisons, moi... et d'excellentes raisons... pour tirer la chose au clair. Tu m'as caché ton nom, tu as caché notre liaison, donc tu as peur qu'elle se découvre. Pourquoi as-tu cette peur ? Voilà ce qu'il faudra bien que je sache...

— Je vous le répète, Marguerite... il eût été, il serait déplorable pour moi que l'on sût qu'à mon âge et dans ma position, j'ai avec vous les rapports qui existent depuis six mois.

Et Cri-cri, pensive et secouant la tête, se dit :

— Cette autre chose, je la devinerai, car il *me tient...* et si je la sais... c'est moi qui *le tiendrai.*

Puis, elle reprend tout haut :

— Tu ne veux pas m'avouer la vérité?

— Vous la connaissez.

— Bon, bon... tu me paieras cette cachotterie-là, mon Anatole... et plus cher que tu ne le crois!

— Ce sont là des enfantillages... Parlons sérieusement, ma chère Marguerite.

— Oh! tu as beau prendre un ton calin... tu ne m'engourdiras pas... je saurai le véritable motif qui t'a engagé à te donner un faux-nom.

— Je vous l'ai dit.. et puisque vous connaissez maintenant ma position, je compte sur un secret absolu de votre part au sujet de nos relations. Et d'abord, il est bien entendu que vous ne remettrez jamais les pieds ici... Je vous verrai comme d'habitude, dans mon appartement de la rue

Mandar, où je suis connu sous le nom de Duport, et...

— Pardon, mon Anatole, mais il y a un petit inconvénient à cela.

— A quoi?

— A ce que je ne remette jamais les pieds ici...

— Vous n'y reviendrez jamais, vous dis-je, c'est impossible... Vous m'entendez, Marguerite? c'est de toute impossibilité. Vous ne devez jamais reparaître dans cette maison.

— Et mes mille francs d'arrhes?

— Quelles arrhes?

— Celles que je viens de donner à l'intendant.

— Quel intendant?

— Celui du propriétaire, parbleu!

— Que venez-vous me parler d'arrhes, de propriétaire? En vérité, je ne comprends pas un mot de ce que vous me dites.

— C'est pourtant bien simple. Quand on loue un appartement, l'on donne des arrhes; pas vrai, mon Anatole?

— Eh bien?

— Eh bien, j'ai donné les arrhes pour l'appartement que j'ai loué...

— Loué? Où cela?

— Ici, donc.

M. de Francheville bondit d'abord de surprise et de frayeur ; puis ne pouvant, ne voulant croire à ce qu'il vient d'entendre, il reprend :

— Je vous ai prévenue, ma chère, que cet entretien était sérieux, fort sérieux ; ainsi vos plaisanteries sont hors de saison.

— Ah ça! tu crois peut-être que je te *fais une charge*, en te disant que j'ai loué un appartement dans cette maison?

— Comment! vous ne vous seriez pas permis de...

— Il est bon là, mon Anatole! je ne me serais pas permis!... Est-ce que je ne suis pas libre de me loger où cela me plaît? Or, comme il m'a plu, comme il me plaît de demeurer dans cette maison, j'ai loué l'appartement vacant au premier étage, au prix de trois mille francs par an. J'ai donné mille francs d'arrhes, je viens m'établir ici ce soir, et voilà, mon Anatole. Si cela ne t'arrange pas, fais-en ton deuil, mets un crêpe à ton chapeau, car, moi, ça m'arrange de loger ici, et j'y loge.

XII

M. de Francheville n'en pouvait plus douter, cette fille avait loué un appartement dans la maison.

Ce fait rendait plus redoutable encore pour le fonctionnaire la découverte de son nom et de sa position par Cri-cri. L'effroi dont il fut saisi n'était que trop justifié. — Sans fortune aucune, il avait forfait à l'honneur afin d'acquitter des dettes importantes, contractées pour subvenir aux besoins et aux caprices de Cri-cri, et surtout pour lui assurer, comme on dit, *des rentes*, prix auquel elle mettait la continuité de leurs relations. Ne s'abusant point, d'ailleurs, sur la cupidité, sur la bassesse et sur l'ingratitude de l'indigne objet de son indigne amour, M. de Francheville avait pris, ainsi qu'on le verra ci-après, *ses sûretés*, craignant d'être abandonné de sa maîtresse, lorsqu'elle serait nantie de sa rente.

Mais dans l'intérêt de sa réputation et de l'impunité de sa forfaiture, impunité déjà presque garantie par les moyens que l'on a vus, il fallait que la liaison de M. de Francheville avec l'ex-modèle fût complètement ignorée, sinon, — et c'est presque toujours ainsi que les prévaricateurs sont découverts, — l'on se serait étonné, à bon droit, de ce que ce haut fonctionnaire, sans autres revenus que ses appointements, pût donner à une fille des parures de vingt-cinq mille francs, et l'entretenir avec un grand luxe.

Or, malgré l'habileté de ses manœuvres, tendant à rendre impossible ou *non croyable* la révélation de la somme considérable qu'il avait reçue du fournisseur Morin, la prodigalité de M. de Francheville envers sa maîtresse, si celle-ci eût connu la véritable position sociale de son *bienfaiteur*, aurait tôt ou tard mis l'opinion publique sur la voie du secret qu'il tenait tant à cacher. Aussi, afin d'expliquer les dépenses auxquelles il se livrait pour cette fille, il lui donnait à croire qu'il était un négociant retiré du commerce.

Mais *Cri-cri*, douée d'une certaine finesse de flair, particulier aux bêtes malignes et rapaces, avait, en découvrant quel était réellement M. de Francheville, subodoré vaguement la vérité, en pensant que celui-ci, en prenant un faux-nom et une fausse qualité, afin de cacher ses relations amoureuses, obéissait à d'autres appréhensions que celles de braver les convenances; aussi se disait-elle :

« — Il faut que je découvre la véritable
» cause du mystère dont Francheville s'est
» entouré jusqu'ici, parce que cette cause
» devant être ignoble, ce n'est plus lui qui
» *me tiendra*, c'est moi qui *le tiendrai*. »

Cette allusion aux garanties prises par M. de Francheville, à l'endroit de l'ingratitude plus que présumable de Cri-cri, s'expliquera bientôt.

Ce qui précède suffira à faire comprendre l'effroi dont fut d'abord saisi le fonctionnaire en apprenant de l'effrontée créature sa résolution de demeurer dans la même maison que lui ; mais à cet effroi succéda l'espoir presque certain d'amener Cri-cri à composition ; aussi reprit-il après un moment de silence :

— Soit !... je n'en doute plus maintenant, vous avez loué un appartement dans cette maison... vous avez donné mille francs d'arrhes. Eh bien, ma chère, vous perdrez vos arrhes, je vous rembourserai ces mille francs, mais vous ne logerez pas ici.

— En voilà une sévère, par exemple ! je ne logerai pas ici ?

— Non.

— Parce que ?

— Parce que je ne le veux pas...

Et M. de Francheville, répondant à un éclat de rire sardonique de Cri-cri, ajoute d'une voix affectueuse :

— Non, vous ne logerez pas ici... parce que je vous prierai, ma chère Marguerite...

de renoncer à un caprice... à une fantaisie, et vous m'accorderez, je n'en doute pas, ce petit sacrifice... sans importance pour vous... et d'une grave importance pour moi.

— Tiens... tu me fends le cœur... mon Anatole, avec ton air geigneux... et puisque tu me prends par les sentiments... je consens...

— A renoncer à la fantaisie de demeurer céans?... j'en étais certain... car malgré votre folle apparence et vos excentricités de langage qui me font souvent rire malgré moi... vous êtes une très bonne fille, ma petite Marguerite...

— N'est-ce pas?...

— Un lutin... très drôle et très amusant.. très gentil lorsqu'il veut l'être...

— Alors, mon Anatole... fais une risette à Cri-cri... allons, allons, tout de suite une risette à ton petit Cri-cri...

Ce fut quelque chose de ridicule, de honteux, et surtout de très hideux que de voir ce vieillard, ce grave fonctionnaire, sourire d'un air coquet, amoureux et libertin, à cette fille, non-seulement afin de l'affermir dans son projet de quitter la maison, mais parce que, selon la coutume, M. de Francheville cédait au crapuleux attrait du langage impudent, trivial ou cynique de cette dévergondée, le trouvant de très haut goût et très émoustillant.

Si une pareille dépravation d'esprit étonne nos lecteurs, nous citerons une analogie entre mille.

Louis XV, — dit *le bien-aimé* (le monstre qui violait des enfants !) prisait dans la Dubarry, son langage de caserne et ses propos de mauvais lieux, témoin ces mots devenus historiques.

— *La France...* (sa royale prostituée donnait au roi ce surnom : — La France, ton café... le camp !!

M. de Francheville, malgré ses vives préoccupations et plus que jamais sous le dégradant empire de Cri-cri, lui fit donc, ainsi qu'elle le lui enjoignait : — une *risette* ; — puis il reprit avec allégresse et une familiarité assurément fort touchante, en pinçant la joue rose et fraîche de l'ex-modèle :

— Ainsi c'est convenu, bijou... tu renonces à la fantaisie de loger ici... je paierai les mille francs d'arrhes.

— Où est-il, le billet de mille... que son Anatole promét à son Cri-cri?... où est-il le billet... fais voir?... fais voir?...

— Comment... vilaine... tu doutes de ma promesse?

— Cri-cri est comme saint Thomas... pour croire... il faut qu'elle touche... l'argent...

— Drôle de fille... va! — dit M. de Francheville, haussant les épaules ; et tirant de son portefeuille un billet de banque, il le remet à sa maîtresse en ajoutant :

— Crois-tu... maintenant que tu as touché, petite diablesse ?...

— Parbleu! — fit la sordide créature, empochant la somme, et trouvant très divertissant de se faire ainsi rembourser les arrhes qu'elle ne voulait pas perdre...

— Maintenant, expliquons-nous...

— A propos de quoi cette explication ?...

— Je t'ai dit tout à l'heure que, puisque tu me prenais par les sentiments, je consentais... à...

— ... A ne pas demeurer ici...

— Tu m'interromps encore comme tu m'as interrompu tout à l'heure, de là... notre malentendu?...

— ... Un malentendu ?...

— Voilà la chose... je voulais te dire que puisque tu me prenais par les sentiments, je consentais... à t'expliquer pourquoi je suis décidée... oh ! mais très décidée à m'établir ici...

— Comment... vous osez maintenant !...

— Tu connais ma tête, tu sais que lorsque je veux quelque chose, il faut que ce soit... je resterai donc ici, vois-tu, quand le diable y serait avec sa fourche et ses cornes !...

— Fort bien, — reprend M. de Francheville, pâle de colère et de crainte, mais se contenant. — Ah ! vous resterez ici malgré moi ?...

— Un peu, mon vieux !

— ... C'est votre dernier mot ?

— C'est mon dernier mot, aussi vrai que tu fais à cette heure un nez d'une aune, mon Anatole ; et, au risque de l'allonger encore... ton pauvre nez, en manière de trompe d'éléphant, je te dirai, pour en finir de tout suite, et afin que tu saches à quoi t'en tenir... que je viens demeurer ici à cause de Luxeuil...

— Monsieur de Luxeuil, — répète M. de

Francheville, ébahi, abasourdi, — vous connaissez donc M. de Luxeuil?...

— Excessivement. Je suis déjà venue le voir ici quasi malgré lui deux ou trois fois... J'ignorais que tu étais un des locataires de la maison. Après ça, je l'aurais su... que ça aurait été tout de même, bien entendu... Si je ne t'ai pas rencontré ici jusqu'à présent, c'est que je m'y rendais à l'heure où tu étais sans doute à ton ministère... Je veux donc demeurer ici à seule fin d'être la *scie*... de Luxeuil. A propos... sais-tu ce que c'est qu'une scie?

M. de Francheville garde un moment le silence, se recueille, se domine, puis d'une voix dure et d'un ton hautain et menaçant...

— Écoutez-moi bien... et tremblez... si vous me poussez à bout !...

— Va... mon Anatole... continue... tu es surperbe dans ce rôle-là...

— Et d'abord, soyez persuadée que je n'ai été ni ne serai jamais jaloux d'une créature de votre espèce...

— Tu as joliment raison de ne pas être jaloux, car il n'en serait ni plus ni moins.

— Ce que je veux, c'est que vous obéissiez à mes volontés.

— Quel pacha! Je demande que tu sois orné d'un turban, formé de biscuit de Savoie, d'une pelisse jaune serin avec des fourrures, et de onze poignards à ta ceinture !

— Je me soucie peu de vos impertinences, vous obéirez donc à mes volontés, à toutes mes volontés.

— Est-il beau !... est-il beau !... ah ! qu'il est beau, mon Anatole!!!

— Ces volontés, je vous les imposerai, non pas au nom des énormes sacrifices que j'ai faits pour vous, j'ai toujours tablé sur votre ingratitude, aussi abjecte que votre cœur.

— Et puis ? — dit Cri-cri, dont le regard exprimait une haine croissante, car, malgré son cynisme et sa dégradation, cette misérable était sensible à l'injure; — va toujours!... ne te gêne pas, tu es dans ton droit, on peut tout dire à une canaille de fille que l'on entretient...

— Oui, lorsqu'elle est ce que vous êtes. J'ai donc compté pour vous dominer, pour vous contraindre à rester avec moi, tant que cela me plaira, et ainsi ne pas perdre le fruit des folles dépenses que vous m'avez coûtées, sans parler de la rente de dix mille francs dont hier je vous ai remis le titre... j'ai donc compté, dis-je, sur un moyen fort simple et d'un effet certain, pour vous imposer, je vous le répète, toutes mes volontés.

— Et ce moyen... dis-le... pour voir ?...

— Hé bien, ma chère, je vous fais condamner à dix ans de réclusion dans une maison de force... désormais, et aussi longtemps que cela me conviendra, si vous n'obéissez pas à mes volontés. Vous concevez bien, qu'à mon âge, je n'ai pas été assez niais, pour débourser à votre profit, environ quatre cent mille francs, sans prendre mes sûretés pour l'avenir, ma chère... Or, vous m'obéirez en tout et pour tout, ou sinon : la maison de force... ma petite... la maison de force où vous serez tête rase, en robe de bure et en sabots ; c'est à vous de choisir !

XIII

Si nous ne savions tendre et marcher vers un but dont le lecteur ne pourra que plus tard apprécier la haute moralité, nous hésiterions à poursuivre le développement du caractère de M. de Francheville et de Cricri. — Il nous faut répéter, à cet égard, ce que nous avons dit relativement à la personnalité de la duchesse della Sorga : — « Il » est souvent indispensable de soumettre au

» creuset de l'analyse de noires scélératesses
» ou de fangeuses turpitudes, afin de déga-
» ger de leur résidu l'or pur de la morale
» éternelle. »

Nous prions donc le lecteur d'avoir confiance et créance en notre *honnêteté*, — que nous avons le droit d'affirmer ; — il reconnaîtra bientôt que, si révoltante que soit l'exposition d'individualités telles que celles de M. de Francheville et de Cri-cri, elle était absolument nécessaire à la conclusion éminemment morale de l'œuvre que nous avons entreprise ; non, ce n'est point ainsi que l'on doit dire : — de gaieté de cœur, — que nous retraçons des tableaux qu'il nous répugnerait de peindre sans la *souveraineté du but*.

La menace adressée à Cri-cri par M. de Francheville, de la faire enfermer pour dix ans dans une maison de force, parut impressionner et impressionna l'impudente créature ; mais, payant d'audace et ayant découvert la position officielle de l'homme qui croyait la dominer, la possibilité, sinon d'échapper à la vengeance dont elle était menacée, du moins de la neutraliser en le menaçant à son tour, elle reprit donc avec un ricanement sardonique :

— A bon chat, bon rat... Faisons un peu nos comptes.

— Soit, ma chère, calculez, et vous trouverez pour total : dix ans de réclusion, si vous ne m'obéissez point.

— Savoir... savoir...

— Voyons ?

— Il faut reprendre les choses d'un peu haut.

— D'accord...

— Il y a environ six mois que je te connais ; tu m'as vue pour la première fois aux Folies-Dramatiques, où je dansais la *Catchucha* comme une possédée, car j'avais ce soir-là le diable au corps... Tu étais à l'orchestre, armé de tes jumelles, et de ce jour-là... j'ai enchaîné ton cœur... mon Anatole !...

— Poursuivez... — répond amèrement M. de Francheville, songeant avec épouvante que, de cette soirée où, par désœuvrement, hasard ou curiosité, il s'était rendu à ce petit théâtre, datait cette ignoble et fatale passion qui l'avait conduit au déshonneur, et il répète en étouffant un soupir : — Poursuivez.

— Le lendemain, je reçois par l'habilleur du théâtre ta déclaration, accompagnée d'un bouquet superbe... et d'un bracelet émail et diamant... J'ai tout de suite et avant de répondre à ta déclaration, envoyé ma bonne faire estimer le bracelet... au Mont-de-Piété, vu qu'il y a des monstres d'hommes qui abusent de la vertu des femmes en leur envoyant du strass et du similor... Le bracelet a été estimé quatre mille sept cents francs ; alors je n'ai plus douté de la pureté de tes intentions... et tu es devenu mon Anatole... Tu m'as dit te nommer Duport, être négociant en retraite et marié... ce qui t'empêchait de me recevoir chez toi ; tu as grandement fait les choses, je te rends cette justice; tu as dépensé quarante ou cinquante mille francs pour mes meubles, tu m'as donné une voiture au mois, j'ai eu cuisinière, femme de chambre et groom en livrée, cinq mille francs par mois pour mes dépenses, sans compter les gratifications et les cadeaux. Tu étais alors très gentil, foi de Cri-cri !... mais depuis...

— Mais depuis ?...

— Je me suis aperçu que tu n'étais qu'un vieux roué... Lorsqu'il s'est agi de la rente... et des lettres de change...

— Oui, c'est grâce à ces lettres de change que je vous tiens, ma chère... je vous tiens bien... et, morbleu! je ne vous lâcherai pas!...

— Peut-être... peut-être!

— Rien de plus certain, au contraire!

— Nous allons voir.

— Certes, vous le verrez!

— Donc, j'étais endiablée du désir d'avoir dix mille francs de rente... parce qu'avec dix mille francs de rente... on boulotte, on voit venir. Tu en tenais pour moi comme un enragé, je m'en apercevais bien; aussi croyant le moment bien choisi, je t'ai dit : — « Mon Anatole, apporte-moi dans huit jours un titre de dix mille francs de rente, sinon, bonsoir, tu ne seras plus mon Anatole. » — Là-dessus, tu t'es récrié que c'était une grosse somme, que tu avais déjà énormément dépensé pour moi... et autres blagues de grippe-sou... A quoi je répondais toujours : — « Dix mille francs de rente, sinon, bonsoir! alors... » — et ce disant, Cri-cri pouffe de rire, — « alors, tu as pleuré... parole d'honneur, tu as biché... Or, un vieux Anatole qui biche... (voilà mon caractère), un vieux Anatole qui biche... me paraît plus drôle que Grassot; or, ça n'est pas peu dire, car il est fièrement drôle, Grassot, hein ?...

— Misérable !... — s'écrie M. de Francheville, hors de lui, en se rappelant ces larmes honteuses, brûlantes, désespérées, qu'il avait versées aux pieds de cette sordide créature, car il prévoyait alors avec terreur, qu'afin d'acquitter des dettes déjà considérables, et de satisfaire aux nouvelles exigences de Cricri, dont il était plus que jamais affolé, il lui faudrait recourir à des expédients déshonorants; mais se dominant, et certain, après tout, d'imposer ses volontés à son indigne maîtresse, il ajoute :

— Va... va... continue... ma vengeance me sera doublement douce... infâme que tu es !...

— Ta vengeance ! ta vengeance ! Tu ne la tiens pas encore !

— Oh ! que si !

— Oh ! que non !

— Tu verras, misérable !

— Nous verrons. Enfin, après avoir bien fait bichette, bien pleuré aux pieds de ton Cri-cri, avoir voulu t'arracher les cheveux... ce qui, par parenthèse, leur était joliment égal... à tes cheveux, vu que tu n'en possédais pas... à preuve que ton faux-toupet t'est resté dans la main...

Et Cri-cri, riant aux éclats à ce souvenir, s'écrie :

— Tableau !... Mon Anatole, à genoux, et bichant... son faux-toupet à la main !

Son hilarité calmée, tandis que M. de Francheville devient livide de rage muette, Cri-cri reprend :

— Enfin ! n'importe !... Tu peux te vanter d'avoir été bien beau ce jour-là ! Tant il y a que le lendemain tu reviens, et... attention ! voilà qui devient sérieux !

— Oui, sérieux ! très sérieux !

« — Je consens, me dis-tu, à te donner un
» titre de dix mille francs de rentes, mais à
» une condition. — Laquelle ? — Tu vas con-
» trefaire de ton mieux l'écriture et la signa-
» ture d'une lettre de change de dix mille
» francs, pareille à celle-ci. Cela fait, tu en-
» verras, en ma présence, chercher une mar

» chande à la toilette, dont je te donnerai l'a-
» dresse, en la prévenant d'apporter des den-
» telles de prix. Tu lui en achèteras pour
» deux mille cinq cents francs, et tu donne-
» ras en paiement, toujours en ma présence,
» quinze cents francs argent, et cette lettre
» de change... contrefaite et signée Morin,
» payable à trois mois, en recommandant ex-
» pressément à ta marchande de ne pas met-
» tre ce billet en circulation... » — Moi, j'ouvre
de grands yeux, car je ne comprends rien
à la chose, sinon qu'en contrefaisant deux
lignes d'écriture sur un chiffon de papier
timbré, j'étais certaine d'avoir enfin mes
dix mille francs de rentes, et qu'après tout, si
ce faux billet de mille francs pouvait me com-
promettre, il me serait facile de le retirer des
mains de ma marchande, avant que l'échéance
fût venue. Cependant, assez inquiète de cette
condition, je te demande à quoi bon contrefaire ce billet ? Tu me réponds : « — Je n'ai
» pas d'explications à te donner ; c'est à
» prendre ou à laisser. Exerce-toi aujour-
» d'hui et demain, à contrefaire ce billet, et
» dans trois jours tu enverras chercher en
» ma présence la marchande dont je te don-

» nerai alors l'adresse ; en ma présence en-
» core, tu lui remettras l'argent et le billet...
» Aussitôt après qu'elle sera sortie, je te re-
» mets, moi, ton titre de rente... » — J'insiste
encore afin de savoir pourquoi tu exiges
cela de moi... Tu me réponds toujours la
même chose : c'est à prendre ou à laisser...
— Ce diable de titre de rente me troublait la
cervelle ; je croyais surtout pouvoir le lendemain retirer le billet faux des mains de la
marchande. Or, c'est en partie cette croyance,
qui m'a décidée... sotte que j'étais...

— Bien sotte, en effet; tu étais... ma
chère...

— Reste à savoir qui, tout à l'heure, sera
le plus sot de toi ou de moi. Tu ne sais pas
ce qui t'attend, mon Anatole !

— Ce qui m'attend ?...

— Oui, oui. Mais enfin, pour revenir à
notre histoire, j'accepte la condition... Je
passe deux jours à essayer de contrefaire
ce maudit billet ; j'y réussis pas mal... et hier
soir, la chose a lieu selon nos conventions..
Tu me donnes l'adresse d'une marchande à
la toilette ; je l'envoie chercher... Elle m'ap-

porte des dentelles ; j'en choisis en ta présence pour deux mille cinq cents francs... Je lui offre quinze cents francs argent, et le billet, signé *Morin* ; la coquine accepte sans barguigner, car elle me volait de sept à huit cents francs. Elle me demande... — tu ne m'avais pas prévenue de cette formalité, — d'endosser le billet à son ordre... Je le fais, elle s'en va. Et alors, me remettant le titre de rentes, — il est bon ; je l'ai fait vérifier ce matin... — tu me dis...

— Ceci : — reprend M. de Francheville d'un ton sardonique et triomphant : « — Je n'ai jamais compté sur ton amour, car je suis vieux... je n'ai jamais compté sur ta reconnaissance des sacrifices que je me suis imposés pour toi... car je t'ai vu rire de mes larmes avec une impitoyable insolence, lorsque je te jurais... que les dépenses déjà faites pas moi étaient au-dessus de mes ressources. »

— J'y suis, maintenant ! je comprends !... Ah ! j'étais bien sûre que je te tiendrais, vieux roué !... Oh ! oui, à cette heure je te tiens ! — se dit Cri-cri, frappée d'une réflexion subite. trait de lumière qui éclairait ses soupçons jusqu'alors plus instinctifs que raisonnés.

M. de Francheville avait ainsi continué :

— ... « Ne comptant ni sur ton amour ni sur ta reconnaissance, ni même sur ta pitié... fille ingrate et sans cœur... j'ai prévu que, lorsque tu serais en possession du titre de rente, et supposant bien que tu ne pourrais plus tirer grand'chose de moi... tu serais assez infâme pour rompre avec moi !... »

— Comment ! tu as deviné cela... tout seul ?... Voyez-vous ce vieux malin !

— Oui !... je t'avais devinée... misérable !... Aussi je t'ai dit et je te le répète : « le billet contrefait par toi, me rend ton maître absolu... car, à l'heure où je te parle, quelqu'un... aposté par moi, propose à la marchande, non-seulement de lui escompter le billet, mais de lui donner une prime de deux cents francs ; or, malgré sa promesse de ne pas le mettre en circulation, cette femme ne résistera pas à l'appât du gain. »

— Ce n'est que trop vrai... la gueuse ! j'ai envoyé ce matin chez elle pour retirer le billet : il était trop tard.

— Oui, trop tard, car le voici.

Et ce disant, M. de Francheville prend son portefeuille en ajoutant :

— Et maintenant, écoute-moi. Ce billet, souscrit à l'ordre d'un homme qui m'est très dévoué, lui sera présenté, à la moindre désobéissance de ta part ; le reste va de soi, ma chère... Tu as endossé et signé le billet en le passant à l'ordre de la marchande... Il sera déposé par M. Morin au parquet du procureur du roi ; un mandat d'arrêt sera lancé contre toi ; le témoignage de la marchande citée à comparaître sera écrasant pour toi... Or, tu sais ce qui t'attend : la prison préventive d'abord, et ensuite la réclusion, ma chère. Et n'espère pas m'échapper. Dès aujourd'hui, grâce à mes relations avec la préfecture de police, tes moindres démarches sont surveillées, et à ta première velléité de fuir, le billet est déposé au parquet, un mandat d'arrêt est lancé contre toi ; enfin si, trompant ma surveillance, ce qui te sera presque impossible, tu fuyais en pays étranger, l'extradition serait obtenue contre toi comme faussaire. Ainsi, ma chère, tu le vois, je te tiens pour longtemps ; tu obéiras à toutes mes volontés, sinon en avant la réclusion dans une maison de force, où, je te le répète, ma chère, parce que le tableau me plait, je te vois déjà en robe de bure, en sabots, et la tête rasée... Mais tu ne courras pas le risque, tu ne voudras pas quitter ton Paris que tu aimes tant ; et entre deux maux, tu choisiras le moindre, celui de m'obéir.

XIV

Ce vieillard, recourant à des moyens ignobles pour contraindre cette fille à le subir, malgré l'aversion qu'il savait lui inspirer, était tombé aussi bas et plus bas qu'elle-même ; car enfin, cette créature abandonnée vivait dans le vice et du vice, de même que certaines bêtes des marais vivent dans la fange et de la fange, tandis que cet homme descendait d'une position élevée, honorable, pour ramper dans la boue de son immonde passion.

L'instinct de Cri-cri lui donnait conscience de sa supériorité relative sur M. de Francheville, depuis qu'elle avait découvert la position qu'il occupait; elle reprit d'un ton de mépris railleur et de défi :

— A mon tour, mon Anatole, nous sommes ici à deux de jeu. Tu crois me tenir, et c'est toi qui es pincé...

— Vraiment?

— Tu vas le sentir. Je pourrais d'abord te répondre que l'échéance du billet étant à trois mois, tu ne me tiendrais au pis-aller que pendant trois mois.

— A cela, je te répondrais à mon tour, ma chère, 1° qu'il n'y a pas de prescription contre le faux ; 2° que la veille de son échéance, tu contreferas de nouveau le billet, et ainsi de suite, jusqu'à ce qu'il me convienne de ne plus l'avoir en ma possession.

— Et tu t'imagines que je serais assez dinde pour me laisser reprendre à ton trébuchet ?

— Parfaitement... vu que si tu me refuses de renouveler le billet faux, il est aussitôt déposé au parquet. Comprends-tu?

— Très bien.

— Or, si tu n'as que ce moyen-là de me dominer, ma chère, il te faut renoncer à cette douce espérance.

— Attends... Dis-moi, connais-tu un petit journal appelé *le Pilori?*

— Non.

— Moi, je le connais, il est méchant comme une vipère; et je le lis tous les matins, parce que ses méchancetés m'éveillent; mais, par contre, je lis le soir *le Messager,* parce qu'il m'endort.

— Que me fait cela?

— Tu vas voir... As-tu lu *le Messager* d'hier soir?

— Pourquoi cette question?

— Parce que l'on parle de toi dans ce journal.

— Eh bien?

— Quoique, hier soir, j'aie lu *le Messager,* les yeux à demi-fermés, je me rappelle très bien qu'on y vantait, je ne sais plus à propos de quoi, le désintéressement d'un M. de

Francheville, d'autant plus louable d'être désintéressé, disait-on, qu'il n'avait aucune fortune.

— Ensuite?

— Or, mon Anatole, — reprend Cri-cri, accentuant lentement ses paroles, — si tu n'as aucune fortune, dis-moi un peu où diable tu as floué l'argent que tu as dépensé pour moi, et pour m'assurer mes dix mille francs de rentes?... Hein?

A ces terribles paroles, M. de Francheville frémit, pâlit et se trouble, malgré son assurance. Cri-cri, l'épiant d'un regard attentif, remarque la soudaine altération des traits du fonctionnaire, et s'écrie d'un accent triomphant :

— Je te tiens... Et aussi vrai que je ne suis qu'une coquine, tu es un vil coquin, mon Anatole !

— Infâme ! — s'écrie M. de Francheville, hors de lui et avec un mouvement menaçant, — je te...

— Pas de geste !... sinon je casse un carreau, je crie à l'assassin, et j'ameute la maison !...

Et Cri-cri se rapproche précipitamment de

la fenêtre, car l'expression des traits du vieillard devenait effrayante.

Cependant, parvenant à se dominer, en réfléchissant que ce n'était qu'à force de sangfroid qu'il pouvait peut-être parer le coup qu'il redoutait, M. de Francheville reprend avec un sourire contraint :

— J'ai eu tort d'oublier la grossièreté naturelle de votre langage, ma chère... Il est d'ailleurs des injures parties de si bas qu'elles ne peuvent atteindre un honnête homme...

— Tout ça, c'est de la blague... Tu as au moins dépensé pour moi, y compris la rente, trois cent cinquante à quatre cent mille francs... Où les as-tu flibustés, puisque tu n'as pas de fortune ?

— Je possédais des économies considérables.

— Des économies de quatre cent mille francs ?... c'est drôle ! Combien donc que tu as d'appointements ?... Dis-le donc un peu, pour voir, à ton Cri-cri chéri... mon Anatole...

— Je n'ai pas de comptes à vous rendre... Vous êtes stupide, ma chère !

— Mettons que tu aies vingt mille francs

par an, trente mille francs, si tu veux... et et c'est là-dessus que tu aurais économisé cette...

— Vous êtes stupide, vous dis-je ! Je pourrais d'un mot vous réduire au silence, — répond M. de Francheville, reprenant toute son assurance; — oui, je pourrais vous faire rougir de vos ignobles soupçons... si vous pouviez rougir...

— Voilà ce qu'on dit quand on n'a rien à dire.

— Tenez, pour vous confondre, je veux... mais, non, j'ai honte d'une pareille condescendance...

— J'en étais sûre.

— Sachez donc, — et en vérité je suis inexcusable de m'abaisser jusqu'à vous rendre des comptes... — sachez donc que j'ai joué à la Bourse : j'y ai gagné beaucoup d'argent... et comme dans ma position, il n'est pas convenable de jouer à la Bourse, j'ai caché à tout le monde mes bénéfices, dont vous seule avez profité.

— Pas mal trouvé ! mais je ne donne pas dans le godant. Je t'ai vu bicher... pour ton malheur... Oui, lorsque te croyant un

négociant retiré, nommé Duport, je t'ai dit :
« Je veux une rente de dix mille francs ; sinon, bonsoir, mon Anatole, » tu as pleuré,
t'écriant que tes ressources étaient à bout; tu
étais désespéré; à preuve que tu as arraché
ton faux toupet. Tu me suppliais d'avoir pitié
de toi, tu me disais, je me le rappelle bien
maintenant, et je te défie de le nier : « Mal-
» heureuse! tu ne sais pas ce que tu me de-
» mandes, en exigeant de moi cette rente! »

— Que prouve tout ce verbiage... ma
chère?

— Cela prouve que tu te débattais alors
contre la pensée de la filouterie, sans laquelle
tu ne pouvais pas m'assurer ma rente, et de
cela, vois-tu, je mettrais maintenant ma main
au feu...

— Et vous vous brûleriez en pure perte,
ma chère; j'étais en effet fort gêné lorsque
vous avez exigé cette rente... Votre rapacité
m'indignait, m'arrachait des larmes, dont
vous avez eu l'infamie de rire, mais je ne songeais à aucune filouterie, pour parler votre
honnête langage ; le hasard a voulu... que le
lendemain... j'aie gagné à la Bourse une

somme considérable, qui m'a permis de satisfaire à votre exigence...

— La Bourse, la Bourse!... tu n'auras qu'un sou, tu répètes toujours la même chose. Je te dis, moi, que cet argent provient d'une coquinerie...

— J'admets, pour un moment, cette calomnie encore plus sotte qu'elle n'est outrageante... Hé bien! après, que s'en suivrait-il?

— Il s'en suivrait que si ta coquinerie était découverte, tu serais déshonoré, tiens! que tu perdrais ta place, et, que n'ayant aucune fortune et étant trop vieux pour prendre un autre métier, tu crèverais de faim!

— Fort bien, — reprend M. de Francheville avec un calme apparent; — la perspective est affreuse; il est dommage qu'elle ne soit qu'un rêve de votre méchanceté, ma chère...

Le haut fonctionnaire, malgré son calme apparent, était terrifié, en pensant que Cricri disait vrai.

La prévarication dont il s'était rendu coupable étant par malheur découverte, ce serait, pour M. de Francheville, le déshonneur, un procès infamant, la prison, la ruine de sa carrière... et enfin la misère... la hideuse misère... Et la créature qu'il croyait dominer, était sur la voie de cette effrayante découverte qui pouvait le perdre... Il sentit donc la nécessité de redoubler d'audace afin d'imposer à Cri-cri, et de pénétrer, s'il le pouvait, ses projets. Il reprit d'un air de froid dédain :

— Ah ça ! ma chère, en continuant d'admettre votre insolente supposition, il suffira sans doute, pour que l'on me croie coupable d'une coquinerie... il suffira donc que le fait soit affirmé par mademoiselle Cri-cri ? de qui la position sociale, la moralité, les honnêtes précédents sont tels, qu'elle sera crue sur parole...

— Tu sens bien que je ne suis pas assez bête pour m'imaginer que la déposition d'une fille comme moi puisse perdre... un homme comme toi...

— Alors, à quoi bon ce bavardage... fort impertinent, et de plus, fort assommant, je vous le déclare, ma chère ?

— Attends donc... Quand tu m'as connue aux Folies-Dramatiques, je voyais souvent un jeune homme, rédacteur du feuilleton des théâtres, dans ce petit journal, appelé *le Pilori*... qui éreinte le gouvernement...

— Ensuite?

— Comme c'est toujours amusant de voir éreinter le gouvernement, je me suis, je te l'ai dit, abonnée à ce petit journal et je vois de temps à autre mon jeune rédacteur; il est très amusant et il a une langue de vipère... Or, puisque tu es secrétaire du ministre, tu fais quasi partie du gouvernement; donc, en t'éreintant, ça retomberait sur le gouvernement, n'est-ce pas, mon Anatole?

— Parfaitement raisonné, ma chère; et puis après?

— Tu vas voir... Si je disais, par exemple, à mon jeune homme : — « Vous ne savez
» pas, mon petit? M. de Francheville, dont
» on vante le fameux désintéressement, d'au-
» tant plus fameux, que ce vénérable homme
» n'a pas un sou de fortune, M. de Francheville
» m'entretient magnifiquement depuis six
» mois, sous le nom de Duport, négociant
» en retraite, et il vient de me donner dix
» mille francs de rentes... En voilà, une bonne
» aubaine pour votre journal *le Pilori!* Si ce

» que je vous dis n'est pas suffisant, je vous
» donnerai des détails fièrement amusants,
» allez, mon petit; entre autres, une scène de
» désespoir, où M. de Francheville, voulant
» s'arracher les cheveux, a arraché son faux
» toupet... »

— Bon... ce drôle insère ces impertinences dans son journal... — répond M. de Francheville avec un redoublement de dédaigneuse assurance, quoiqu'il frissonne d'effroi et d'épouvante. — Qu'est-ce que cela peut me faire à moi?

— Cela peut te faire que ceux qui ont intérêt à t'éreinter, vu que tu es du gouvernement, seront sur la voie de la coquinerie que tu as commise... j'en mettrais toujours ma main au feu, quoi que tu en dises. Les journalistes sont malins, sont chercheurs ; ils finiront par découvrir le pot aux roses, et alors, tu es flambé, mon Anatole!

— Tout ceci, ma chère, est insensé; mais soit, il en est ainsi, et parlant toujours votre langage : — « J'ai commis une coquinerie, je suis flambé. » — Je sais que de cette révélation qui me perd... vous êtes l'auteur...

Qu'arrive-t-il ?... Je me venge et je fais déposer au parquet le billet faux, et en ce cas, ma chère... vous savez ce qui vous attend ?...

— D'accord, tu me perds... et nous sommes perdus tous deux, voilà tout ; et de plus, comme je n'aurais plus rien à ménager, je raconte aux juges pourquoi tu m'as fait faire ce faux billet, et pour toi ce sera du propre ! Enfin, si tant est qu'on me condamne à dix années de réclusion... dame, c'est long... mais enfin, ça se tire... J'ai à peine dix-huit ans, je n'en aurais que vingt-huit. A ma sortie de prison, je serais encore gentille, toujours noceuse et je vivrais gaiement de mes dix mille francs de rente ; qu'est-ce que je dis ?... de TES dix mille francs de rente, mon Anatole ?... — de TES dix mille francs de rente... c'est bien plus drôle... Tandis que toi, tu serais déshonoré, chassé de ta place et réduit à crever de faim... Ah ! ah ! ah ! — ajoute en riant aux éclats l'odieuse créature ; — je t'ai rivé le bec... Tu ne réponds rien, tu es pincé... je te le disais bien, moi, tu croyais me tenir... et c'est moi qui te tenais...

— Vous me faites pitié !

— Je ne te fais pas pitié, mais peur. Tu trembles !

— Allons donc ! vous êtes folle !...

— Possible, mais je ne suis pas aveugle; je vois la sueur couler de ton front ; elle a défrisé ton faux toupet, elle rigole le long de tes joues, sans compter que tu es vert-pomme. Mais regarde-toi dans la glace, mon Anatole, regarde-toi donc, tu as l'air d'un déterré !

M. de Francheville jette involontairement sur la glace en face de laquelle il se trouve un coup d'œil oblique et rapide, et reste anéanti. Il reconnaît que, malgré ses effort surhumains afin de dissimuler ses terreurs, son visage livide et décomposé le trahit.

Le misérable se voyait en effet perdu, déshonoré, si l'opinion publique, déjà très émue des scandales du procès de l'un des ministres du gouvernement de Louis-Philippe, et mise de nouveau en éveil par les malins articles du *Pilori*, commençait de scruter la vie intime du haut fonctionnaire, car bientôt l'opinion serait sur la voie de la vérité. Ses combinaisons, d'une perfide habileté, à l'aide desquelles il avait cru à jamais assurer l'impunité de sa prévarication, tourneraient même contre lui, on rapprocherait les révélations si précises du *Pilori* de la plainte en tentative de corruption déposée par M. de Francheville contre les soumissionnaires de la fourniture accordée par lui.

L'on opposerait l'apparente honnêteté de la vie du secrétaire du ministre aux dérèglements du vieillard prodiguant des sommes considérables à une courtisane, et les présomptions morales soulevées par ces rapprochements, devaient suffire, à défaut de preuves matérielles, à incriminer gravement la conduite privée de M. de Francheville aux yeux d'un gouvernement, devenu d'autant plus sévère pour ses employés, qu'il venait de ressentir cruellement le contre-coup du mépris public dont l'un de ses membres avait été l'objet.

Les actes de M. de Francheville seraient donc soumis par le pouvoir lui-même à une enquête rigoureuse, inexorable, et, malgré sa ruse, ses adroites précautions au sujet de sa vénalité, il était presque certain de la voir découverte, ou au moins de se trouver sous le coup d'une suspicion assez fâcheuse, pour être obligé de donner sa démission, et pour lui c'était encore le déshonneur et la misère, puisqu'il ne possédait nulle fortune!

XV

Cri-cri observait attentivement M. de Francheville; elle garda pendant quelques instants un silence triomphant, ne doutant plus d'avoir pénétré une portion de la vérité sur ce qui le concernait, et de pouvoir le perdre; mais elle sentait parfaitement qu'en le perdant elle se perdait elle-même, et, malgré son apparente philosophie à l'endroit de la réclusion dont elle était menacée, elle frissonnait à la seule pensée de cette éventualité ; aussi rompant la première le silence :

— Ah ! tu as voulu me déclarer la guerre? Ah ! tu as voulu écraser le pauvre petit Cricri?... Eh bien ! le Cri-cri te prouve qu'il est bon enfant, qu'il vaut mieux que toi ! il propose la paix à son Anatole !

— La paix ! que voulez-vous dire ?

— Veux-tu jouer sans tricherie, cartes sur table?

— Expliquez-vous.

— Je suis une coquine, et tu es un coquin, — dit la cynique créature. — Partons de là.

— Cette insolence...

— Ah ! voilà déjà que tu triches, car tu mens en niant ta coquinerie, tandis que moi je suis franche. Si ça commence ainsi, je ne joue plus.

— Expliquez-vous.

— Nous sommes donc une paire de coquins ou de complices, si tu veux, ayant intérêt à nous ménager...

— Oui, vous avez intérêt, grand intérêt à ne pas me pousser à bout...

— Encore une tricherie, car toi aussi tu

as intérêt, grand intérêt à ne pas me pousser à bout ; nous sommes donc à deux de jeu... Avoues-tu cela ?

— Non...

— Tu ne veux pas avouer cela ?

— Jamais !

— Après tout, que tu l'avoues ou non, ça m'est bien égal, vu que c'est la vérité, et qu'au fond tu te l'avoues à toi-même. Donc nous sommes à deux de jeu. Je peux te perdre, te réduire à la misère, et tu peux m'envoyer en prison... Eh bien ! je serai plus sincère que toi : c'est que, riche maintenant de *tes* dix mille francs de rentes, sans parler de *ton* mobilier, de *tes* bijoux, de *ton* argenterie, j'aurais la prison en horreur.

— Horreur salutaire, ma chère !... ainsi prenez garde ?

— Je crois bien que j'y prends garde !... aussi, je ferai le possible, ni plus ni moins, pour y échapper...

— Et vous aurez raison !

— Mais, par cela même que j'ai tant d'horreur de la prison, tu comprends bien... que si tu m'y envoyais... ma seule consolation serait de te déshonorer, mon Anatole !...

— Si vous le pouviez... mais je vous en défie !...

— Voilà un défi qui m'est encore bien égal... car tout à l'heure, à ma seule menace des articles du *Pilori*, tu suais la peur, à ce point que ton faux toupet est aussi défrisé que si tu sortais d'un bain de rivière. Nous avons donc intérêt à nous ménager... Voilà pourquoi je t'offre la paix, à certaines conditions...

— Voyons ces conditions ? — demande M. de Francheville avec un apparent dédain, car l'espoir lui revenait à mesure que son esprit, d'abord troublé, se contenant, l'affermissait dans la créance, que cette fille ne pouvait le perdre sans se perdre elle-même.

Il était sauvé si elle mettait à *la paix* des conditions acceptables, et cette paix faite, il ne pouvait pas, il ne devait pas douter de la discrétion absolue de Cri-cri ; aussi reprit-il d'une voix de plus en plus assurée :

— Voyons ces conditions ? C'est fort curieux, en vérité !

— Primo d'abord, je demeurerai ici...

— Impossible!

— C'est si possible, que j'y coucherai ce soir, et nous verrons comment tu t'y prendras pour m'en empêcher... Mais j'ajoute aussi... que je ferai absolument comme si je ne te connaissais pas... Je dirai à l'intendant que j'ai été trompée par une ressemblance... chose très croyable, puisque je serai censée ne t'avoir vu que de loin, lorsque tu montais l'escalier.

— Comment! qu'avez-vous donc dit à l'intendant?

— Très surprise de te rencontrer ici, et te voyant passer, j'ai dit à l'intendant: « Tiens, voilà M. Duport! Est-ce qu'il vient souvent dans la maison? »

— Vous avez été assez imprudente?

— Tu es encore bon là, toi !... est-ce que c'est ma faute si tu a pris un faux nom? Est-ce que je savais que tu en avais un vrai?

— Enfin qu'a répondu l'intendant?

— Il m'a répondu que je me trompais... que tu ne t'appelais pas Duport, mais Francheville, que tu étais secrétaire d'un ministre et l'un des locataires de la maison.

— Malédiction !

— Rassure-toi... je te répète que je dirai à l'intendant que, ne t'ayant vu que de loin, je t'ai pris pour M. Duport, et que je me suis trompée. Rien de plus naturel et de plus croyable.

— Soit !... poursuivez.

— Je logerai donc dans la maison, feignant de ne pas plus te connaître que si je ne t'avais vu ni d'Ève ni d'Adam ; et je ferai tout à mon aise la *scie* à Luxeuil. Secundo, tu me rendras le faux billet, et...

— Ah ça! ma chère, vous êtes folle, décidément!

— Je suis presque sûre qu'il ne me le rendra pas... mais il faut toujours le demander, — pensait Cri-cri.

Puis, reprenant tout tout haut :

— Je pose mes conditions, libre à toi d'accepter ou de refuser... Or, si tu les acceptes, la paix est faite... et, de mon côté, je te promets, foi de Cri-cri... d'aller te voir dans ton autre appartement, et...

Mais s'interrompant au bruit de la sonnette, l'indigne créature ajoute :

— On sonne... Entends-tu ?...

— Mon domestique est sorti... je vais voir

ce que c'est... Entrez dans ma chambre à coucher... ne sortez que lorsque je vous appellerai.

M. de Francheville ouvre en même temps la porte de la pièce voisine à Cri-cri... Celle-ci y entre; il referme la porte dont il pousse le verrou, sort et rentre bientôt accompagné d'un jeune homme d'une figure distinguée et vêtu avec élégance; il tient à la main un petit écrin en maroquin rouge et un pli cacheté.

M. de Francheville engage poliment le jeune homme à s'asseoir, puis :

— A qui, monsieur, ai-je l'honneur de parler?

— Vous ne me reconnaissez pas, monsieur?

— Non, pas précisément... cependant vos traits...

— J'ai eu plusieurs fois l'occasion de vous voir, monsieur, à l'hôtel de l'ambassade d'Espagne, à laquelle je suis attaché. Je me nomme le marquis d'Almanzarès.

— Mille pardons, monsieur le marquis... je me souviens maintenant parfaitement d'avoir eu le plaisir de vous rencontrer chez

M. l'ambassadeur, et notamment le jour de la signature de la convention commerciale dont j'étais chargé de discuter les clauses.

— Je remplissais en effet, monsieur, les fonctions de secrétaire lors de cette réunion, et je m'en félicite, puisque je leur dois sans doute la mission que j'ai l'honneur de remplir en ce moment.

— Quelle mission, monsieur le marquis?

— Celle de vous remettre, monsieur, au nom de mon souverain et de la part de M. l'ambassadeur d'Espagne, le brevet et les insignes de commandeur de l'ordre de Charles III, — répond le marquis d'Almanzarès en s'inclinant, et donnant l'écrin et le pli cacheté à M. de Francheville.

Celui-ci reçoit ces objets et reprend d'un ton pénétré :

— J'étais loin de m'attendre, monsieur le marquis à une distinction si flatteuse... et j'ajouterai : si peu méritée.

— Permettez-moi, monsieur, de n'être pas de votre avis à ce sujet; le hasard a voulu que le gage de la bienveillance de mon souverain, s'adressât à la fois au négociateur plein de savoir et de droiture, qui, tout en défendant les intérêts de son gouvernement, a fait si loyalement la part de ceux de l'autre partie contractante; mais encore au fonctionnaire intègre qui donnait hier une preuve si frappante de son noble désintéressement.

— Monsieur le marquis, je...

— Je serais à mon vif regret, bien mal compris de vous, monsieur, si vous pensiez que je m'étonne en rien de cet acte d'intégrité que les journaux ont tous applaudi, quelle que fût l'opinion qu'ils représentent. Non, monsieur, vous êtes de ces hommes qui ressentent pour la vénalité une aversion aussi naturelle que l'est leur ombrageuse probité.

— De grâce, monsieur le marquis.....

— Excusez-moi, monsieur, d'avoir blessé votre modestie, mais en ces tristes temps de corruption, dont l'Espagne aussi a donné de fâcheux exemples, l'on se sent doublement pénétré de respect pour les honnêtes gens de tous les pays. Voilà pourquoi, monsieur je m'estime si heureux d'être à même de vous exprimer ces respectueux sentiments, au nom de Son Excellence M. l'ambassadeur d'Espagne et j'oserais ajouter en mon nom, si mon obscurité ne le défendait pas.

— Veuillez, monsieur le marquis, en attendant que j'aie l'honneur de lui écrire, être auprès de M. l'ambassadeur l'interprète de ma profonde reconnaissance pour les bontés dont Sa Majesté le roi d'Espagne daigne me combler. Croyez aussi, monsieur le marquis, que je suis l'on ne peut plus touché de la sympathie dont vous voulez bien me témoigner... d'honnête homme... à honnête homme.

— Vous l'avez dit, monsieur, d'honnête homme à honnête homme... et de nos jours l'on peut se glorifier de ce titre, — répond l'attaché d'ambassade en se levant afin de prendre congé de M. de Francheville. Celui-ci reconduit le marquis jusqu'à la porte extérieure de son appartement, rentre dans le salon et se dit avec un sentiment d'allégement inexprimable :

— Et comme un sot je m'alarmais au moment où ma bonne renommée reçoit une confirmation nouvelle! Nommé commandeur de l'ordre de *Charles III!* sans avoir même sollicité cette faveur! Non, non! je n'ai rien à craindre! Tout me répond de la discrétion de Cri-cri, et, sauf la restitution du billet, j'accepte ses conditions...Elle n'osera, elle ne pourra rompre avec moi... mes sacrifices ne seront pas perdus. Infernale diablesse! malgré ses insolences, ses mépris, ses menaces, je suis, Dieu me damne, plus que jamais affolé d'elle!

M. de Francheville va tirer le verrou de la chambre à coucher, dont il ouvre la porte en disant gaiement :

— Allons, petit démon! la paix est faite! embrasse ton Anatole!

XVI

M. de Luxeuil était resté chez lui fort penaud après cette scène dans laquelle M. Lambert l'avait écrasé d'un si juste et si outrageant dédain.

Le jeune *beau* cherchait à oublier cette dure mortification en songeant à son rendez-vous du matin avec la duchesse della Sorga, et se livrait au monologue suivant en se promenant dans son salon :

— La duchesse m'a dit ce matin qu'elle

allait ce soir à l'Opéra. J'irai voir l'effet qu'elle produit aux grandes lumières. C'est une stalle de dix francs que ce plaisir me coûtera... puisque ce n'est pas aujourd'hui le jour de loge d'Héloïse; sinon... j'aurais joué double en allant à l'Opéra. Et comme elle est charmante, ça aurait piqué la duchesse qui, malgré tout, semble toujours me traiter de toute sa hauteur de grande dame. Elles sont étonnantes, ces Italiennes!... et, lorsque ce matin je l'ai trouvée dans l'une des allées du parc de Monceaux, où elle m'avait donné rendez-vous, elle m'a toisé environ de la façon dont une reine regarderait un esclave, humblement venu à ses ordres souverains. Et à propos de cette allée du parc, très obscure à cet endroit voisin du temple grec, rien ne m'ôtera de l'idée que nous étions suivis et que quelqu'un...

Le monologue de M. de Luxeuil est interrompu d'abord par le tintement précipité de la sonnette de son appartement, puis par les éclats de la voix de Cri-cri, répondant aux dénégations du valet de chambre au sujet de la présence de son maître chez lui, par des affirmations contraires.

Bientôt le *beau* voit avec une très vive contrariété l'effrontée créature entrer dans le salon, et il va lui témoigner combien il trouve cette visite importune, lorsque la stupeur et l'indignation lui coupent momentanément la parole...

De cette stupeur, telle est la cause...

Cri-cri, sans mot dire, s'est dirigée vers la cheminée, et a pris, dans un élégant porte-cigares en marqueterie, garni d'allumettes, un panatellas; puis, l'ayant très expertement allumé, a dégusté l'arome du tabac en aspirant la fumée à la fois par les narines et par la bouche; en suite de quoi elle s'est étendue nonchalamment sur un canapé, simulant, ainsi que l'on dit vulgairement : — Être chez elle.

M. de Luxeuil, suffoqué de surprise, remarquait que Cri-cri ne portait ni châle ni chapeau, elle était entrée trop brusquement pour avoir eu le temps de quitter ces objets de toilette, et il lui semblait incompréhensible que, demeurant dans un quartier assez éloigné, elle eût eu le temps de venir ainsi chez lui, en *voisine*...

Ce mystère ne tarda pas à s'éclaircir, car,

après avoir joui malignement de la surprise et de l'évidente contrariété du *beau*, Cri-cri, rompant enfin le silence, et lançant au plafond un long jet de fumée, dit avec un accent de satisfaction parfaite :

— Qu'on est donc bien chez toi!... aussi j'y viendrai plus souvent qu'à mon tour... comptes-y, voisin !

M. de Luxeuil, ne comprenant pas tout d'abord la signification précise de ce mot : *voisin* ; trop courroucé d'ailleurs pour peser les paroles de Cri-cri, dont l'aplomb l'ébahissait, et voulant tout d'abord et surtout la renvoyer, lui dit d'une voix contenue :

— Ma chère, tu viens mal à propos... voici cinq heures, il faut que je m'habille afin d'aller dîner au club...

— Tu n'as pas besoin de t'habiller... je te trouve superbe comme tu es, et nous dînerons ici en tête-à-tête... voisin...

— La plaisanterie est fort drôle... ma petite... mais...

— Je sais bien qu'habituellement tu ne manges pas chez toi. Tu vas envoyer ton domestique chez Chevet... et voici la carte... *Primo* d'abord... des crevettes...

— Morbleu !

— ... Un pâté de foie gras, une queue de saumon à la sauce verte, une galantine de perdreau...

— Mademoiselle !

— ... Des truffes au vin de champagne... des fraises, un ananas, une bouteille de madère, une de château-margaux et une de champagne... mais je veux du sillery sec, à quinze francs la bouteille... je n'en bois jamais d'autre...

— Est-ce tout, ma chère ?

— Non... j'oubliais une demi-douzaine de meringues à la rose, un fromage glacé... vanille et framboise... et pour rincer le petit bec à Cri-cri, un flacon de marasquin...

— Et puis ?...

— C'est assez comme ça... Je veux dîner souvent chez toi, voisin, et si je t'induisais en dépense, tu crierais... — vu que tu es très pingre... — tu crierais que je te ruine !... Je me contenterai donc...

— D'un dîner de dix à douze louis ? C'est vraiment fort heureux, et cela fait honneur à la modération de votre appétit et de votre soif, ma chère. Cette plaisanterie est très drôle, je vous le répète, mais je vous répète aussi qu'il est cinq heures passées... je n'ai que le temps de m'habiller pour aller dîner au club, et de là à l'Opéra.

M. de Luxeuil, afin de confirmer ces paroles, sonne son valet de chambre, et, s'adressant au serviteur qui paraît à la porte du salon :

— Dites à Tom d'atteler *Captain-Brown* ou *Brougham*.

— Oui, monsieur...

— Minute! — dit Cri-cri au valet de chambre; — qu'on n'attèle pas le capitaine!... je dîne ici... Vous entendez... je défends qu'on attèle !

— Madame...

— Allez ! et faites atteler à l'instant, — dit M. de Luxeuil au serviteur qui sort; puis, dominant à peine sa colère croissante :

— Mademoiselle, je trouve de la dernière inconvenance que vous rendiez mes gens témoins de vos ridicules facéties... et...

— Ainsi, Gustave, tu ne m'aimes plus? — dit Cri-cri, changeant soudain d'accent, et passant à une gamme plaintive; — je ne suis plus ton petit Cri-cri... chéri?...

— Hé! morbleu! ma chère, vous...

Mais, s'interrompant, M. de Luxeuil se dit :
— si je la rudoie, elle est capable de tout casser ici, et je n'en serais pas quitte pour cinquante louis... Maudite fille! dans quel guêpier je me suis fourré pour un sot caprice! Renvoyons-la d'abord... et que le diable me brûle si elle remet les pieds chez moi! Je déclare à mon valet de chambre que je le chasse, s'il la laisse jamais rentrer... dût-il employer la force.

Le jeune *beau*, reprenant alors d'une voix plus douce :

— J'allais te dire des choses désagréables, ma petite ; mais, après tout, j'aurais tort... tu m'avais ménagé une surprise très gentille en venant me demander à dîner... Malheureusement, c'est impossible aujourd'hui... mais un autre jour, je serai enchanté de cette petite partie fine... et...

— Qu'est-ce que cela te fait de dîner ici, au lieu d'aller dîner à ton club ?

— Elle est charmante, ma parole d'honneur !... Qu'est-ce que cela me fait? un dîner de dix ou douze louis !... pense Luxeuil.

Et il reprend tout haut :

— Je t'ai dit qu'après le dîner j'allais à l'Opéra...

— Eh bien !... tu ne peux pas me sacrifier l'Opéra ?...

— Non, il faut que j'y aille... absolument !

— Pourquoi... absolument ?

— Parce que c'est indispensable.

— Pourquoi... indispensable ?

— En vérité, ma chère, vous me harcelez de questions !... c'est insupportable !

— Gustave, je t'en prie ! je t'en supplie ! si tu m'aimes... accorde-moi cette soirée !... j'y attache une idée... c'est baroque... mais on n'est pas maître de ça...

— Un autre jour, je vous le promets.

— Un autre jour, ça ne sera pas la même chose... pour moi... Je te dis que j'attache une idée à mon désir de passer la soirée avec toi...

— C'est absurde !

— Je ne dis pas non... Mais que veux-tu ?... Si tu me refuses la soirée d'aujourd'hui... je croirai que tu n'aimes plus du tout, mais du tout, du tout, ton petit Cri-cri...

— Je vous dis qu'un autre jour...

— Si c'est la dépense qui te retient, envoie

chercher une assiette garnie et une côtelette de porc frais, avec des cornichons, chez le charcutier; c'était mon régal, quand j'étais modèle à l'atelier du papa Ingres.

Et Cri-cri ajoute d'un ton sentimental :

— Une assiette garnie et une côtelette de porc frais avec des cornichons, mon Gustave ! ça ne te ruinera pas, pourtant, et tu feras le bonheur à Cri-cri, en passant cette soirée avec elle.

L'impatience et l'irritation de M. de Luxeuil atteignaient à leur comble ; ces reproches adressés à sa sordide avarice, dont il se targuait souvent comme d'une sage économie ; ces reproches, grotesquement formulés par cette drôlesse, l'humiliaient profondément, et changeaient en aversion pour elle, le caprice passager qu'elle lui avait inspiré. Aussi sans la crainte de la voir tout casser chez lui, comme il disait, il l'eût brutalement mise à la porte ; mais, dominé par la crainte de ce saccage, il s'efforça de se contenir encore, y parvint, et reprit :

— Une dernière fois, ma petite, je vous répète qu'il m'est de toute impossibilité de vous consacrer ma soirée aujourd'hui ; n'insistez plus, j'ai dit non, c'est non ; mais un autre jour, demain si vous le voulez, vous viendrez dîner avec moi.

— Mon Gustave... je te l'ai dit... si tu me refuses aujourd'hui... c'est que tu ne m'aimes plus...

— Hé morbleu ! croyez ce que vous voudrez ! vous m'impatientez à la fin!...

— Monstre ! c'est pour une femme que tu vas ce soir à l'Opéra ! — s'écrie l'effrontée créature se dressant sur le sofa, et montrant le poing à M. de Luxeuil. — Oui, c'est pour aller avec une autre que tu ne veux pas rester avec moi !

— Et quand cela serait !... est-ce que j'ai des comptes à vous rendre !...

— Ah ! c'est comme ça !... — reprend Cricri se levant menaçante ; — bon !... nous allons voir !...

— Elle va tout casser ! — se dit en frémissant le *beau*, et il ajoute tout haut :

— Je vous déclare... que, si vous brisez quelque chose ici, j'envoie chercher le commissaire de police... qui constatera que vous êtes l'auteur du dégât, si vous avez de quoi le payer !

— Quel crasseux! quel pingre ! — dit Cricri ; — il ne pense qu'à la casse !

Et se levant, elle ajoute avec une expression triomphante :

— Rassure-toi... je ne casserai rien chez toi.. je ferai mieux que ça... je serai *ta scie*... mon *voisin*...

Au moment où Cri-cri prononçait ces mots, dont M. de Luxeuil cherchait la signification, effrayé du regard de Cri-cri, le valet de chambre entre, tenant à la main un petit plateau d'argent, sur lequel est déposée une lettre. Il tend à son maître le plateau en disant :

— La voiture de monsieur est attelée...

— C'est bien... allez tout préparer pour ma toilette, — répond M. de Luxeuil en prenant la lettre; et le domestique sort.

Le *beau*, brisant le cachet de l'enveloppe, jette les yeux sur l'écriture du billet dont les quatre pages sont remplies, et se dit :

— Encore Héloïse!...

M. de Luxeuil, ayant lu seulement les dernières lignes de la missive, la plie et l'enferme dans un coffret de bois de rose, fermé à clé, placé près de lui sur une table, et dont le couvercle offre une étroite ouverture, semblable à celles que l'on pratique sur la partie supérieure des troncs.

Cri-cri a suivi du regard tous les mouvements de M. de Luxeuil, et le voyant introduire le billet dans le coffret, son œil étincelle de haine; elle se dit :

— C'est dans ce coffret qu'il serre ses lettres de femmes... Ce coffret... je l'aurai... foi de Cri-cri !...

XVII

M. de Luxeuil, après avoir placé dans le coffret la lettre qu'il venait de parcourir, et désirant au plus tôt mettre terme à une scène insupportable, assez rassuré d'ailleurs par la promesse de Cri-cri à l'endroit de la *casse*, mais d'autre part fort interloqué par cette dernière menace, et dont vainement il cherchait le sens : — *Je serai ta* scie, *mon voisin*, — M. de Luxeuil reprit :

— Vous avez entendu les ordres que je

viens de donner à mon valet de chambre; ma voiture m'attend, je vais m'habiller. Adieu, ma chère, et si vous êtes raisonnable... au revoir...

— Au revoir?... je le crois parbleu bien !— répond Cri-cri, allant à la cheminée allumer un nouveau cigarre.

— M. de Luxeuil préjugeant alors que l'effrontée ne songe nullement à sortir, s'écrie hors de lui :

— Croyez-vous donc, mademoiselle... que vous resterez chez moi... malgré moi !

— Il est cinq heures et quart... répond Cri-cri entre deux bouffées de tabac, à cinq heures et demie sonnant, je m'en irai, voisin.

— Allons, soit ! — répond M. de Luxeuil, se croyant quitte à bon marché, ainsi que l'on dit : — Puisqu'il le faut... parlez, je vous écoute...

— Et d'abord, mon voisin...

— Voisin... voisin ! pourquoi diable ! m'appelez-vous voisin?...

— Pourquoi... je t'appelle voisin ?... — répond Cri-cri, s'étendant de nouveau sur le canapé, les pieds croisés sur l'un des bras du meuble, la tête appuyée au coussin, et suivant des yeux un jet de fumée de tabac qu'elle vient de lancer vers le plafond. — Dame... je t'appelle mon voisin... parce que nous sommes voisins...

— Qu'est-ce que cela veut dire ?

—Ça veut dire... que nous sommes voisins puisque je loge dans la maison...

— Vous n'êtes pas heureuse dans vos plaisanteries, aujourd'hui, ma chère... celle-ci est faible...

—Ah! tu crois que je plaisante, mon petit ?

— Allons donc!... vous me prenez pour un niais, et si c'est pour me débiter de pareilles sornettes que vous m'avez demandé un quart d'heure... ce sera du temps joliment bien employé!...

— Veux-tu faire une chose ?...

— Quoi ?...

— Envoie ton domestique à l'instant chez le portier de la maison, et fais demander s'il est vrai, oui ou non, que j'aie loué l'appartement vacant au premier étage de la maison... tu verras... mon petit... si je plaisante.

Et Cri-cri faisant de nouveau tourbillonner vers le plafond la fumée de son cigarre, et la suivant des yeux, ajoute :

— Et voilllà... voisin !

M. de Luxeuil, stupéfait, et quoique à demi convaincu par l'offre si péremptoire d'une vérification immédiate de son dire, proposée par Cri-cri, M. de Luxeuil reprit :

— Vous !... vous, locataire... dans cette maison !...

— Tiens !... pourquoi donc pas ?...

— C'est impossible...

— Alors, envoie ton domestique aux renseignements.

— En tout cas... vous ne resterez pas vingt-quatre heures ici... quand on saura qui vous êtes...

— On le sait...

— Allons donc! est-ce que l'on vous aurait loué cet appartement?

— Très bien. J'ai dit à l'intendant que j'avais posé les torses chez le papa Ingres... dansé aux Folies-Dramatiques ; et de plus, comme il m'avait vu hier venir chez toi te faire une scène, il savait bien *ce que j'étais*, comme tu dis si galamment, mon voisin...

— Non, non, je ne croirai jamais que M. Wolfrang... ait consenti...

— Non-seulement cet amour de propriétaire a consenti à me prendre pour locataire... moi... Cri-cri... quoique son intendant lui eût dit *ce que j'étais*... mais cet amour de propriétaire m'a fait demander si je désirais quelques meubles plus riches que ceux qui garnissaient l'appartement... Ah !... ah!... en voilà un, de propriétaire modèle, dont les locataires devraient souscrire pour le faire empailler... avec des yeux d'émail, et le mettre sous verre !

M. de Luxeuil n'en pouvait plus douter, Cri-cri disait vrai. Cette conviction l'exaspérait, car le voisinage d'une pareille créature, capable de ne reculer devant aucun scandale, lui devenait odieux ; cependant, ne se résignant pas encore à croire ce qu'il redoutait, il reprit :

— Vous ne me persuaderez jamais que, par un caprice qui n'aurait pas de nom, vous quitteriez votre appartement de la rue de Bréda, où vous êtes établie comme une princesse, pour venir loger ici en garni ?

— C'est cependant la vérité, et c'est toi qui es cause de mon déménagement, trop aimable monstre.

— Moi ?...

— Toi seul !

Et l'effrontée ajoute en chantant sur l'air de *Larifla*, alors en vogue :

> « — Oui, oui, mon bel ami,
> » Cri-cri se loge ici,
> » Pour être la p'tit' scie
> » A son Gustave chéri !...
> » Larifla, fla fla fla. »

M. de Luxeuil ne comprenant rien à l'argot de l'ex-modèle, reprend impatiemment :

— Quoi ! comment ! qu'est-ce qu'elle vient me chanter avec sa *scie* ?

Cri-cri, jusqu'alors nonchalamment étendue sur le canapé, se redresse en lançant au jeune *beau* un regard de vipère. Elle lui dit d'une voix sourde où vibre sa haine jusqu'alors dissimulée sous une apparence railleuse :

— Écoute-moi bien, Luxeuil. J'ai eu pour toi plus qu'un caprice, je t'aimais vraiment, et, comme une bête que j'étais, je ne t'ai jamais demandé un liard... Je me serais ruinée pour toi. Tu m'as méprisée... comme la boue de tes souliers... tu m'as fait défendre ta porte par ton valet... Je ne suis qu'une fille... je le sais bien... je me moquais du dédain des autres... mais ton dédain à toi m'a mordu au cœur, preuve que j'éprouvais pour toi quelque chose que je n'ai éprouvé pour personne. Mais, sois tranquille, va, ce quelque chose-là est passé; je te hais maintenant autant que je t'aimais !... Voilà pourquoi, entends-tu ? je suis venue loger dans cette maison, et tu ne sais pas ce qui t'attend !... Si tu doutes de ce que je dis, regarde-moi bien entre les deux yeux, et tu verras qu'ils ne sont pas tendres, mon voisin !...

— Quel air méchant ! elle est devenue hideuse... elle me donne la chair de poule, — pensait M. de Luxeuil. — Et voilà de ces choses qui n'arrivent qu'à moi !... Je ne peux pas avoir la plus passagère liaison avec une femme, sans qu'elle devienne amoureuse forcenée ; je sais cela, et je suis assez imprudent pour... Ah ! morbleu ! la leçon me profitera !

Après ce nouvel hommage rendu à la dangereuse fatalité de ses séductions personnelles, M. de Luxeuil reprend tout haut avec une affectation de parfaite insouciance :

— Diable ! ma chère, la comédie... tourne au tragique. Et que prétendez-vous faire, s'il vous plaît, ma charmante voisine ? puisque, bon gré mal gré, nous voici voisins.

— Je compte te faire, et te ferai tout le mal que je pourrai.

— Merci de la franchise. Mais enfin, ma chère voisine, quoique je ne doute pas de vos gracieuses intentions à mon égard... vouloir n'est pas tout, il faut pouvoir...

— Oh! ne t'inquiète pas, je pourrai!

— Mais encore?... J'aime mieux être prévenu ; j'ai horreur des surprises, même des plus aimables; et de ce nombre sont celles que vous me ménagez, mon angélique voisine...

— Après tout, — reprend Cri-cri, —pourquoi ne te pas donner un avant-goût de ce qui t'attend, sans compter l'imprévu ?

Et l'ex-modèle jette un regard sournois sur le coffret renfermant la correspondance amoureuse de Luxeuil, puis :

— Oui, oui, quand tu vas savoir ce qui t'attend, je te défie bien de faire l'aimable avec la femme que tu vas voir ce soir à l'Opéra, et de plus, je te défie de fermer l'œil de la nuit; ça sera toujours autant de gagné... Écoute-moi donc, mon voisin.

— Ah! l'exécrable coquine! pensa le jeune beau; dans quel guêpier me suis-je fourré!

XVIII

M. de Luxeuil, sachant Cri-cri capable de ne reculer devant aucun scandale, devant aucun éclat, se sentait fort alarmé, quoiqu'il ignorât les projets de sa voisine; mais espérant lui imposer par une apparence de dédaigneuse insouciance, il reprit tout haut :

— Voyons, ma chère, je vous écoute ; seulement je vous ferai remarquer que dans huit minutes sonnera la demie de cinq heures, et alors, malgré le charme de ce tendre entretien, je suis obligé, bien à regret certainement, de vous quitter.

— C'est convenu, à cinq heures et demie sonnant, tu seras libre.

— Je vous écoute et suis tout oreilles, ma voisine.

— Tu es par état un homme à bonnes fortunes ; tu ne vis que pour les femmes, non que tu sois amoureux d'elles... — tu n'as pas pour deux liards de cœur... — mais ça flatte ta vanité, ton orgueil ; et, après chaque conquête, tu te rengorges bien, et tu fais la roue comme un paon. Eh bien ! pour commencer, je te défends, tu m'entends, voisin ? je te défends de recevoir aucune femme chez toi... ou d'aller chez aucune femme !

— Ah! bah! vous me défendez...

— Positivement, et tu m'obéiras.

— Voilà, sur ma parole, quelque chose de fort prodigieux.

— Ce n'est pas prodigieux du tout, c'est fort simple.

— Voyons donc cela, ma voisine, vous m'intriguez beaucoup.

— L'antichambre de mon appartement

prend jour sur l'escalier par une fenêtre ; à cette fenêtre je placerai de guet, dès le matin, une ouvrière à la journée, ou ma femme de chambre, ou ma cuisinière ; elles se relaieront, afin qu'une d'elles ait toujours les yeux braqués sur l'escalier. Dès qu'elles verront une femme seule y monter pour aller au second ou au troisième... crac... l'une de mes mouchardes sortira tout de suite, suivra la femme à pas de loup ; et si elle la voit entrer chez toi, son compte est bon ! Ma moucharde revient dare-dare me prévenir, me donne le signalement de la particulière : tel chapeau, tel châle, telle robe... je me mets alors au guet à la fenêtre de l'antichambre, et dès que je vois dégringoler ta princesse, je dis en lui faisant la révérence : « Bonjour, » ma petite, ou ma grande, ou ma grosse » (ça dépend des personnes, tu comprends, n'est-ce pas). « Ah ça ! nous venons donc de » nocer chez M. de Luxeuil ? C'est un bien » joli garçon, pas vrai ? etc., etc. » Fie-toi à moi, voisin... J'adresserai à ta dame, en langage d'atelier, des compliments si épicés, sur son entrevue avec toi, que si elle vient te revoir, il faudra qu'elle ait un front d'enfer... Et si elle revient, même jeu !

Et Cri-cri, éclatant d'un rire sardonique en voyant la physionomie consternée du jeune beau, reprend :

— Quel nez tu fais déjà, voisin !... et ça n'est que le commencement de ma scie...

— Si vous aviez l'infamie de faire un pareil métier, ma chère, — dit M. de Luxeuil, s'efforçant de dissimuler ses craintes, — au bout de deux jours, vous y renonceriez par ennui.

— Ah ! bien, oui !... tu ne me connais pas ! Figure-toi donc, voisin, que, pour me procurer le délice de t'embêter, de te vexer, de te torturer à coups d'épingles, je suis capable de tous les sacrifices, moi !... Et voilà pour ce qui regarde les femmes qui viennent chez toi... et je te réponds, foi de Cri-cri, qu'au bout de huit jours, il n'en viendra plus guère.

— Infernale créature ! — pense M. de Luxeuil ; — elle est capable d'exécuter ses menaces.

— Et maintenant, voisin, passons aux femmes chez qui tu vas, ou qui viennent dans quelques petits appartements que tu as peut-être dans un quartier perdu, quoique tu sois fièrement pingre et peu disposé à une pareille dépense.

— Ceci est plus curieux, — répond M. de Luxeuil, affectant d'autant plus d'assurance qu'il est effrayé davantage. — Je serai ravi, ma chère, d'apprendre vos ingénieux procédés à ce sujet.

— Ça n'est pas malin, tu vas voir.

— Voyons.

— De trois choses l'une : tu sors en voiture, à cheval ou à pied, pour aller à tes rendez-vous.

— Peste! ma voisine, voilà une fameuse découverte!

— Sans doute; ça n'a l'air de rien; mais suis bien mon raisonnement : si tu sors à cheval ou en voiture, je le sais, puisque les fenêtres de ma cuisine donnent sur la cour, et que ma cuisinière verra atteler ta voiture ou seller tes chevaux; pas vrai?

— C'est évident.

— Eh bien, j'aurai à poste fixe et à la journée un petit coupé de remise, attelé d'un excellent cheval, qui stationnera devant la porte cochère; et dès que je serai avertie que tu sors à cheval ou en voiture, je monte dans mon petit coupé, et je sais où tu vas.

— Très bien. Et puis ?

— Si tu vas simplement faire ta tête aux Champs-Élysées ou au bois, rien de mieux : ça, c'est pour moi une promenade de santé; mais si tu vas chez quelque femme, voilà où ça devient très drôle.

— Vraiment ! et comment cela ?

— Tu descends de cheval ou de voiture, et tu entres dans une maison, n'est-ce pas ? J'entre sur tes talons, et m'adressant au concierge d'un air honnête et timide : « — Au- » riez-vous la bonté de me dire, monsieur, » chez qui est à cette heure M. de Luxeuil ? On » m'a dit qu'il était ici : j'ai une lettre très » pressée à lui faire remettre. » Or, si tu es chez une femme, naturellement le concierge me répond : « — M. de Luxeuil est chez ma- » dame une telle; » ou bien, s'il hésite à me répondre, je lui graisse la patte, au moyen d'une pièce de vingt francs; je monte, et, attention ! voilà qui devient de plus en plus bouffon, voisin.

— Cette malheureuse-là me fait frémir, —

pensait le jeune beau ; — tout ce dont elle me menace est praticable.

— Donc, je monte chez madame une telle ; je sonne, un domestique m'ouvre la porte :
« — M. de Luxeuil est ici ? — Oui, madame.
» — Chez madame une telle ? — Oui, ma-
» dame. — Voulez-vous dire à cette dame que
» je lui serais bien obligée si elle avait la
» complaisance de ne pas me prendre M. de
» Luxeuil, vu que c'est mon amant, et qu'elle
» peut bien en choisir un autre ? »

— Misérable ! — s'écrie le jeune beau, hors de lui. — Mais il y a de quoi déshonorer une femme aux yeux de ses gens !

— Parbleu ! puisque c'est là mon but.

— Et si vous vous trompez, infernale créature ! si je n'ai avec cette dame que de ces relations que l'on a journellement dans le monde ?

— Est-il bête, ce voisin ! mais c'est bien plus drôle, alors ; madame une telle te flanque à la porte, furieuse d'être exposée à de pareilles algarades. La chose se répand dans la société, et toutes les femmes te fuient comme si tu avais le choléra, de peur que tes visites ne leur attirent ces petits désagréments.

Cri-cri, voyant le jeune beau pâlir de rage muette, éclate d'un rire sardonique et ajoute :

— Quel nez tu fais, voisin ! quel nez ! Mais tu n'es pas au bout... de ton nez, va ! mon cher, il va encore s'allonger ! Tu as, je suppose, malgré ta pingrerie, un petit appartement où tu reçois en catamini de belles dames ; tu te rends là, soit en fiacre, soit à pied. Si tu sors à pied et dans la matinée, ma moucharde de l'antichambre te voit descendre, elle m'appelle, je suis prête ; la haine, vois-tu, est un fameux réveil-matin. Le temps de prendre un chapeau, et je suis sur tes talons. En te disant : — Bonjour, voisin, où allons-nous ce matin ? — De deux choses l'une : ou tu remontes chez toi en rageant, et ton rendez-vous est flambé ; — ou bien tu y vas, et alors je te suis à pied. Tu auras beau presser le pas, je ne te perdrai pas de vue ; je marche comme une dératée, vu que je me suis désossée pour apprendre à danser quand je voulais débuter aux Folies... Si tu sors en fiacre, je monte dans mon petit coupé qui stationne toujours à la porte, et je suis ton fiacre. Tu devines le reste, voisin ; j'attends la fin de ton rendez-vous, et quand je vois sortir de la maison une jolie femme, l'air inquiet, craintif, et bien encapuchonnée dans son voile, je saute à bas de mon coupé, je fais à cette belle dame une révérence et mon petit compliment, varié selon l'occasion, mais toujours fièrement épicé. Or, je te réponds, voisin, que lorsque tu la repinceras, celle-là, il fera chaud ! Et maintenant, te figures-tu la vie que tu vas mener, hein, voisin ? Quel sabbat de polichinelle je viens jeter dans ton existence d'homme à bonnes fortunes !... Admettons qu'une fois, deux fois, tu m'échappes, je te rattraperai toujours, et tu n'en seras pas moins constamment sur le qui-vive. Si tu es chez une belle dame, qu'elle soit ou non ta maîtresse, tu trembleras à chaque coup de sonnette, en te disant : — Ah ! mon Dieu ! c'est peut-être cette enragée Cri-cri !

Et, riant aux éclats, l'ex-modèle ajoute :

— En voilà une de venette à jet continu qui te rendra peu spirituel dans la conversation et peu gracieux dans le tête-à-tête ! D'où il suit que tu auras l'air bête comme une oie, voisin ! Si tu es en bonne fortune dans ton petit appartement, toujours la même venette de ta part. Tu trembleras à chaque instant que ta belle ne me rencontre en sortant de la maison et ne soit accueillie par mon petit compliment. Enfin, je te dis, moi, que tu vas, dès aujourd'hui, mener une vie de galérien. Et si, afin de m'échapper, tu te résignes à quitter cet appartement, ça te crèvera le cœur, d'abord à cause de tes chevaux, tu me l'as dit plusieurs fois, et ensuite à cause de ta pingrerie, car tu ne retrouveras nulle part à être logé comme un prince à si bon marché. Mais tu ne m'échapperas pas pour cela ; je te suivrai partout où tu iras ; et si je ne trouve pas à me loger dans la même maison que toi, ou tout proche de toi, tu n'y gagneras rien, je viendrai m'établir à ta porte en petit coupé, quand je devrais y manger, y rester toute la journée, y dormir. Le bonheur, la joie, le délice de te tourmenmenter me rendra cette vie adorable : oui, je sacrifierai tout à la passion d'être ta SCIE, mon voisin, et à te...

La demie de cinq heures sonnant à ce moment, Cri-cri s'interrompt, et se levant :

— Je n'ai qu'une parole : je t'ai promis qu'à cinq heures et demie je m'en irais, je m'en vais. Adieu, voisin, ta scie commencera dès l'aurore.

Et poussant un nouvel éclat de rire, Cricri ajoute en quittant le salon, voyant la muette et croissante consternation du jeune beau.

— Quel nez ! Dieu de Dieu ! quel nez !

XIX

Cri-cri ne voulait pas se borner, à être, ainsi qu'elle disait dans son argot, la *scie* de M. de Luxeuil ; elle voulait, de plus et à tout prix, s'emparer du coffret où il renfermait sa correspondance amoureuse. Aussi, après avoir laissé le jeune *beau* terrifié par ces menaces, d'un accomplissement malheureusement trop facile, l'indigne créature descend rapidement chez Saturne le concierge, le prie de lui donner à l'instant du papier afin d'écrire une lettre. Le portier s'empresse de déférer au désir de la nouvelle locataire ; elle griffonne quelques lignes à la hâte, plie le billet et remonte chez M. de Luxeuil, supposant, non sans raison, qu'il devait en ce moment s'habiller pour sortir ; elle sonne, le valet de chambre vient lui ouvrir, et lui dit vivement :

— Madame, au nom du ciel ! n'entrez pas, monsieur vient de me signifier qu'il me chasserait sur l'heure, si je vous laissais remettre les pieds ici !

— Où est M. de Luxeuil?

— Il est à sa toilette, madame.

— Écoutez-moi, mon garçon, je ne veux nullement forcer votre consigne ; j'attends seulement de vous un petit service, et je le paie mille francs que voici.

Cri-cri, ce disant, met dans la main du domestique ébahi le billet de banque que lui a donné M. de Francheville, en remboursement des arrhes du loyer ; puis elle reprend :

— Tout ce que je vous demande, c'est d'aller porter à l'instant cette lettre à votre maître ; j'attends la réponse dans l'ant-chambre.

Le serviteur, ébloui par la somme qu'on lui offre, et pensant d'ailleurs n'enfreindre que très peu les ordres de son maître en permettant à une personne qui vient de se montrer si magnifique envers lui d'attendre la réponse de sa lettre dans l'antichambre, y introduit Cri-cri, et lui dit en prenant sa lettre :

— Je vais être bien grondé par monsieur, mais madame est si généreuse, que je risque ma place.

A peine le valet de chambre a-t-il disparu par un couloir communiquant au cabinet de toilette de son maître, que Cri-cri s'élance dans la salle à manger, entre dans le salon, s'empare du coffret, et se dit en s'échappant de l'appartement, afin de descendre chez elle :

— Ce coffret me coûte mille francs, mais j'ai bien placé mon argent. Ah ! si tu veux les ravoir, tu les paieras cher, ces lettres de tes belles dames, pingre de Luxeuil !

Le valet de chambre était allé rejoindre son maître. Celui-ci, consterné, épouvanté des menaces de Cri-cri, mais pensant qu'il valait mieux, après tout, tâcher de s'étourdir sur les soucis affreux qu'il redoutait, que de rester chez lui face à face avec ses désolantes pensées, s'était résolu à aller dîner à son club, et de là à l'Opéra, où devait se trouver la duchesse della Sorga.

— Monsieur, c'est une lettre dont on attend la réponse, — dit le serviteur sans s'expliquer davantage, en remettant à son maître le billet de Cri-cri.

Celle-ci n'avait pas signé sa lettre; et, quoi qu'elle écrivît passablement, elle s'était étudiée à rendre son billet illisible, afin de se ménager le temps de commettre son infâme larcin pendant que M. de Luxeuil tâcherait de déchiffrer ce billet.

En effet, au bout de deux ou trois minutes de vains efforts, celui-ci dit tout haut :

— J'y renonce : il m'est impossible de comprendre un mot de ce griffonnage sans signature, tout fraîchement barbouillé d'ailleurs.

Le valet de chambre, attentif aux dernières paroles de son maître, se dit alors :

— Il ne reconnaît pas son écriture, tout va bien.

— D'où vient cette lettre? — demande M. de Luxeuil. — Qui l'a apportée?

— Une personne que je ne connais pas, monsieur, — se hasarde à dire le domestique. — On attend la réponse dans l'antichambre.

— Eh bien, allez dire à cette personne que, lorsqu'on demande une réponse, l'on écrit de façon à se faire lire.

— Le serviteur sort du cabinet de toilette, et ne trouvant pas Cri-cri dans l'antichambre est d'abord fort surpris de cette disparition, dont il ne peut soupçonner la cause. Puis, ne comprenant rien à l'aventure, sinon qu'il embourse mille francs, il retourne auprès de son maître.

— J'ai porté la réponse de monsieur à cette personne, — dit le Frontin, je la soupçonne fort d'être une demanderesse de secours, et elle aura probablement griffonné sa supplique chez le concierge.

— Une fois pour toutes, vous devez savoir que je ne donne jamais rien, — répond brusquement M. de Luxeuil ayant achevé sa toilette. — Signifiez au concierge qu'il ne doit jamais laisser introduire de mendiants chez moi.

— Oui, monsieur.

Le jeune beau, soucieux et morne, descend de chez lui, jette un regard d'épouvante en passant devant la porte de l'appartement du premier étage occupé par Cri-cri ; et, voulant à tout hasard, quoi qu'il en soit convaincu, s'assurer encore de la vérité, il demande à Saturne en passant devant sa loge :

— L'appartement vacant est au premier donc loué ?

— J'aurai l'honneur de répondre à monsieur, que l'appartement a été loué tantôt par une jeune et jolie dame, — répond cérémonieusement Saturne. — Cette dame doit emménager ce soir, et...

— C'est bon, répond impatiemment M. de Luxeuil, ne conservant plus aucun doute sur l'établissement de Cri-cri dans la maison ; et il monte dans sa voiture qui doit le conduire à son club, et de là à l'Opéra, où, nous l'avons dit, doit se trouver la duchesse della Sorga.

XX

Nos lecteurs n'ont peut-être pas oublié la scène douloureuse, qui, le matin de ce même jour, a eu lieu entre le marquis Ottavio et le comte Felippe, en présence de leurs parents, le duc et la duchesse della Sorga.

Felippe, si l'on s'en souvient, avait d'abord feint le repentir de son odieuse conduite à l'égard de son frère, l'ayant, — disait-il, — et cela était faux — entendu la nuit s'écrier, sous l'obsession d'un rêve funeste :

« — Que l'aversion dont Fèlippe lui don-
» nait journellement des preuves, lui rendait
» à lui, Ottavio, la vie insupportable. »

Ce prétendu songe, attribué par Felippe à la pénible émotion d'une querelle amenée par un motif puéril (le bris du verre de limonade que son frère buvait chaque soir en se couchant), ce prétendu songe, en lui donnant connaissance et conscience du chagrin mortel qu'il causait à son frère, avait inspiré à Felippe, — disait-il, — le désir de s'éloigner de la maison paternelle ; apparente résolution d'abord combattue par le duc della Sorga à l'aide des arguments les plus tendres, les plus sages, et enfin vaincue par les touchantes protestations d'Ottavio.

La réconciliation des deux frères avait eu lieu ; puis saisissant presque aussitôt le prétexte que son père et sa mère, en proposant à Ottavio de les accompagner à l'Opéra, rougissaient de la difformité de leur second fils, puisqu'ils le laissaient à l'écart de cette partie de plaisir, — Felippe, paraissant de nouveau céder aux emportements de son caractère jaloux et atrabilaire, avait accablé de haineuses invectives son frère Ottavio, à qui la douleur arrachait cette exclamation navrante :

« — Ah ! c'est à me faire détester la vie ! »

L'on se rappelle enfin, qu'effrayé de ces paroles d'Ottavio, le duc avait dit à Felippe : « Malheureux ! oubliez-vous que cette nuit » vous avez entendu votre frère s'écrier en » songe que vous lui rendiez la vie insup- » portable ? Voulez-vous donc le faire mou- » rir de chagrin ?... »

Ce à quoi Felippe avait répondu à part soi :

— *Tout va bien*.

Tout allait bien, en effet, pour les projets de ce monstre d'astuce, d'hypocrisie, de noirceur et de scélératesse ; oui, pour ses sinistres projets, *tout allait bien*, l'on ne s'en convaincra que trop tôt.

L'on se rappelle, en outre, que dans l'espoir de distraire Ottavio de ses chagrins, M. et madame della Sorga l'avaient engagé à aller rendre visite au jeune Alexis Borel, et à lui offrir de venir le soir à l'Opéra, offre cordialement acceptée par Alexis, qui avait à son tour proposé au jeune marquis d'aller avec lui voir la galerie de tableaux et d'objets d'art du château de Monceaux, vers lequel tous deux avaient dirigé leurs pas.

L'on se rappelle enfin que le lieu du rendez-vous donné la veille avec tant de cynisme et d'audace par madame della Sorga à M. de Luxeuil, était le parc de ce même château de Monceaux, et que, dans son monlogue interrompu par la présence de Cri-cri, le jeune beau ne pouvait, — disait-il, — chasser de son esprit le soupçon qu'il était épié par quelqu'un, durant sa promenade avec la duchesse dans l'une des allées les plus retirées du parc, voisine d'un temple grec à demi ruiné.

L'on saura plus tard quels incidents causaient les soupçons de M. de Luxeuil.

Ces divers antécédents remémorés aux souvenirs du lecteur, poursuivons notre récit.

XXI

Il est onze heures du soir. Cette scène se passe à l'hôtel habité par M. et madame della Sorga, et durant cette soirée où la duchesse est allée à l'Opéra, où se trouvait aussi M. de Luxeuil.

Les deux frères Felippe et Ottavio occupaient, on le sait, deux chambres contiguës et communiquant l'une à l'autre par une porte commune.

La chambre d'Ottavio est disposée de la

sorte : Au fond, le lit, et près du chevet un guéridon sur lequel est déposé le verre de limonade qu'il boit chaque soir. En face du lit est une cheminée surmontée d'une glace ; de chaque côté de cette cheminée, une fenêtre donnant sur le jardin ; l'un des autres côtés de la chambre est garni d'un canapé placé entre une commode et un secrétaire ; ce canapé fait face à la porte de communication entre les deux chambres.

Onze heures sonnent dans le lointain.

Felippe, tenant à la main un bougeoir, entre dans la chambre de son frère et dépose son luminaire sur la commode, auprès de laquelle il reste debout et appuyé. Il est d'une pâleur livide ; sa physionomie est effrayante de haine ; son œil étincelle d'une joie infernale.

— Onze heures, — se dit Felippe ; — dans une demi-heure, ils seront de retour de l'Opéra. J'ai le temps ! Tout est bien préparé. Ils croient qu'Ottavio, la nuit dernière, s'est écrié dans un rêve, *que je lui rendais l'existence insupportable;* et ce matin, après notre réconciliation, je l'ai tellement désespéré en suscitant une nouvelle querelle entre nous, qu'il s'est écrié devant mon père et ma mère :

— *Ah ! c'est à me faire détester la vie !* — On devra donc croire au suicide d'Ottavio, suicide causé par les chagrins dont je suis l'auteur.

— Oui, — reprend Felippe après un moment de réflexion, — l'on devra d'autant plus croire à ce suicide que, tantôt, en revenant du château de Monceaux, où il est allé avec le fils de ce banquier, la figure d'Ottavio était abattue, si sombre, si désolée, que j'ai entendu mon père lui dire :

« — Grand Dieu ! mon enfant, qu'as-tu
» donc ? Tes traits sont bouleversés ; songe-
» rais-tu encore à ta pénible discussion de
» ce matin avec ton frère ?

» — Oui, malgré moi, ce souvenir me
» poursuit, — a répondu Ottavio ; — mais ne
» parlons plus de cela, mon père. »

— Je ne m'y suis pas trompé : Ottavio voulait, par cette réponse, mettre un terme aux questions de mon père ; mais dans la journée, il était survenu à Ottavio d'autres chagrins que ceux dont je suis cause. Ces nouveaux chagrins, qui servent si heureusement mon projet en rendant plus probable encore ce suicide, quels sont-ils ?

Felippe reste pensif et reprend bientôt :

— Il faut qu'à ces chagrins ma mère ne soit point étrangère, car, lorsque tantôt elle est rentrée, une heure après Ottavio, celui-ci, au lieu d'accourir près d'elle, comme d'habitude, pour lui baiser la main, a, au contraire, dès qu'il l'a vue de loin, s'approcher du perron, brusquement tourné le dos et gagné le jardin. Enfin à dîner, il fuyait les regards de ma mère, ne lui parlait que d'une voix contrainte ; il pâlissait et rougissait tour à tour, et à la fin du repas, j'ai cru qu'il allait se trouver mal ; mais on est venu à ce moment lui annoncer que le fils de ce banquier l'attendait pour aller à l'Opéra, et Ottavio s'est empressé de quitter la table.

« — Voyez-vous, malheureux enfant, quelle
» affliction vous causez à votre frère! » — me dit mon père, toujours persuadé que j'étais la cause unique des chagrins d'Ottavio : —
« il est, depuis ce matin, méconnaissable.

» — En effet, » — a repris ma mère, — « je
» suis inquiète de l'abattement de mon fils ;
» je lui ai demandé plusieurs fois pourquoi
» il semblait si accablé, si navré : il a tou-
» jours éludé de me répondre.

» — Il m'a répondu à moi, » — a répliqué mon père ; — « il m'a avoué que le souvenir » de ce qui s'est passé ce matin entre Felippe » et lui, le poursuivait malgré lui. »

— Et ma mère de se joindre à mon père pour me reprocher de faire le malheur d'Ottavio. Je les écoutais avec délice. L'on devait croire, l'on croira demain que le désespoir l'a poussé à se délivrer d'une vie que je lui rendais insupportable, et il faudra me voir alors éclater en sanglots ; il faudra m'entendre me maudire d'avoir causé la mort de cet infortuné. Mais il sera trop tard, et, Dieu merci, mes remords ne le feront pas revivre.

— Allons, reprend Felippe après un nouveau silence, — allons, tout me seconde, tout vient à souhait. Courage, Felippe ! Grâce à une petite pincée de poudre blanche, toi, pauvre cadet de famille, demain tu seras marquis Ricci, et un jour... bientôt, peut-être, tu seras duc et possesseur des immenses domaines de ta maison. Tu es aujourd'hui l'objet des railleries, du dégoût, de l'aversion de tous ; demain, l'on t'entourera de flatteries, de respects, parce que tu seras l'unique héritier de la maison della Sorga. Courage!... Hésiterais-je?...

Ce monstre, en parlant ainsi, avait développé un petit papier qu'il tenait plié dans le creux de sa main, et contenant une forte dose d'arsenic. Et il s'approchait lentement du guéridon sur lequel était placé le verre de limonade. Cependant, malgré son infernale scélératesse, Felippe, au moment de commettre son acte fratricide, et tenant le papier suspendu au-dessus du verre, reste indécis et pensif, se disant :

— Et pourtant jadis, je chérissais cet Ottavio! Je n'étais pas né méchant, non ; j'ignorais l'envie, la jalousie, la haine dont je suis maintenant possédé ; je me résignais à la médiocrité de mon sort de cadet de famille, je ne songeais même pas à la différence de position qui existait entre moi et mon frère aîné... L'exemple de mon père m'a rendu fratricide.

A ce moment paraît à la porte le duc della Sorga ; le bruit de ses pas, amorti par l'épaisseur des tapis, n'a point été entendu de Felippe, absorbé par la préoccupation de son crime, et qui tournant le dos à son père, masque ainsi complètement le guéridon ; mais grâce à la glace placée sur la cheminée, le duc ne perd aucun des mouvements de son fils ; et il le voit enfin après quelques moments d'hésitation suprême, verser dans le verre le contenu du papier ; puis, avec un sang-froid épouvantable, mélanger le poison au liquide, à l'aide d'une cuiller qu'il a prise sur le plateau.

Le duc della Sorga, la respiration suspendue, suffoqué par la terreur, cloué au seuil de la porte, se croit d'abord sous l'obsession d'un rêve ; mais l'expression effrayante des traits de Felippe, qu'il aperçoit réfléchis dans la glace, ne lui laissent aucun doute sur les projets de ce scélérat ; aussi, dominant bientôt l'espèce d'objurgation qui l'a tenu jusqu'alors immobile et muet, le duc della Sorga s'élance dans la chambre, se saisit du verre, le brise à ses pieds, et foudroyant son fils du regard, s'écrie :

— Monstre ! tu voulais empoisonner ton frère !

XXII

Felippe, stupéfait de l'apparition inattendue de son père et voyant son crime découvert, reste d'abord anéanti, et quelques instants d'un silence lugubre règnent entre *les deux fratricides*.

Car le duc della Sorga, lui aussi, avait voulu la mort de son frère, et le crime s'était accompli, crime plus affreux encore que celui que méditait son fils, car ce forfait était enveloppé dans l'ombre de la perfidie et de l'hypocrisie les plus noires. Il avait, au pied de l'échafaud, embrassé en sanglotant celui qu'il livrait aux bourreaux par sa délation, afin d'hériter le titre et les grands biens de son frère aîné.

Les motifs de ce forfait étaient les mêmes que ceux qui poussaient Felippe au meurtre d'Ottavio... Et voilà pourquoi le duc della Sorga, après s'être écrié : — « Monstre ! tu voulais empoisonner ton frère ! » — gardait un morne silence ; sa conscience arrêtait les malédictions sur ses lèvres... Les malédictions seraient retombées sur sa tête... comme y retombait le sang de Pompeo le jour du supplice de ce martyr.

Et si étrange que cela semble, ce misérable, nous le répétons, avait des entrailles de père... Il sentait redoubler sa tendresse pour ses deux enfants depuis son fratricide... Il lui semblait ainsi l'expier... Le seul rêve de sa vie était de les voir fraternellement unis.

A ce terrible retour sur lui-même, qui paralysa d'abord l'expansion de l'horreur que lui causait l'attentat de Felippe, succéda bientôt chez le duc della Sorga le sentiment impérieux des devoirs paternels... Nouvelle torture pour lui, car nous le répétons, chacune des paroles dont il allait accabler le fils fratricide se retournerait contre lui... père fratricide !

Felippe, un moment anéanti par la soudaine apparition du duc della Sorga, et voyant ses projets meurtriers rendus à jamais impossibles par la découverte de cette première tentative, maudit son père qui les déjouait et reprit peu à peu sa farouche assurance. Il croisa ses bras sur sa poitrine, raidit sa taille difforme, releva le front, attacha sur le duc un regard de défi ; un sourire amer et sardonique contracta ses lèvres, et rompant le premier le silence, il dit avec audace ces seuls mots dont l'accent fit frissonner son père!

— Hé bien ?...

— Dieu juste !... pas l'ombre d'un remords sur ce front d'airain !

— Pourquoi des remords ?

— Infâme ! oh ! infâme !

— Qu'ai-je fait ?

— Que mettais-tu dans ce verre ?

— Du poison !

— Ce crime... ce crime... affreux... qui te poussait à le commettre ?

— Le désir de devenir marquis Ricci... et plus tard duc della Sorga et possesseur des biens de notre maison... mon père...

Et Felippe attachant sur le duc un regard fixe qui le glace jusque dans la moelle des os, reprend avec un accent intraduisible :

— Vous me blâmez... peut-être... vous?

— Malheureux! ton crime t'a-t-il rendu fou?

— Ainsi, vous me blâmez, mon père?

Ce disant, Felippe continue d'attacher ses yeux d'une fixité effrayante sur le duc... Ce regard semble le fasciner... son gosier se dessèche, sa poitrine halète, il devient pâle... livide... il baisse la tête, ne pouvant supporter davantage le regard de son fils.

Celui-ci reprend :

— Répondez donc, mon père... me blâmez-vous?

— Si... je te... blâme? assassin!

— Mon père... regardez-moi... en face...

— Non... ta vue me fait horreur...

— Mon père... je vous dis de me regarder en face...

— Tais-toi, tu m'épouvantes !

— Vous l'avez dit, je vous épouvante... vous n'osez pas, en m'accusant, lever les yeux...

— C'est à toi... de trembler... misérable!...

— Je ne tremble pas, moi, mon père; c'est vous qui tremblez..

— Tu mens !

— Vous allez tomber... vous pouvez à peine vous soutenir...

Et Felippe, avec un horrible sangfroid, offre au duc une chaise et ajoute :

— Asseyez-vous !

Les regards et l'accent de son fils, son audace effroyable, donnaient à penser au duc que son propre crime était découvert ou soupçonné par Felippe.

Cependant ce sinistre secret n'était connu que du roi de Naples et de Bartholomeo; M. della Sorga se croyait certain que nulle autre personne au monde n'était instruite ou ne pouvait être instruite de ce forfait. Felippe ne devait donc avoir que des soupçons...

Cette pensée réconforta le duc; il s'était d'ailleurs, — on le verra, — dans sa profonde astuce, prémuni contre la découverte presque impossible de sa trahison.— Reprenant donc peu à peu l'assurance perdue dans un premier saisissement, il repousse d'un geste indigné le siége que lui offre son fils, et le front haut, le geste impérieux, menaçant, la voix éclatante :

— A genoux... fils indigne... à genoux, fratricide !

— Je vous défends de m'accuser... mon père...

— A genoux sur l'heure ! à genoux !

— M'agenouiller devant vous, jamais ! Vous êtes plus coupable que moi !...

— Ah ! c'en est trop !

— Le crime que j'ai voulu commettre... vous l'avez commis... vous !

— Qu'oses-tu dire... malheureux ?

— La vérité... mon père...

— Quelle vérité ?

— Vous le savez.

— Parle !... Oh ! tu parleras... monstre de scélératesse !... Ah ! tu joins à ton crime... une calomnie exécrable !... Tu parleras !... quand je devrais t'arracher les paroles de ta gorge maudite !

— Oh ! vous n'aurez pas cette peine...

— Parle donc !...

— La conspiration de Sicile... a été trahie...

— Par qui ?

— Par vous... mon père.

— Honte et exécration ! Par moi ! et c'est mon fils qui...

Et le duc della Sorga, saisissant rudement le bras de Felippe, s'écrie :

— Cette calomnie infâme, atroce, de qui la tiens-tu... toi qui as la sacrilége audace de la répéter devant moi?... Réponds ! de qui la tiens-tu, cette calomnie atroce ?

— De vous, mon père.

— Qu'entends-je? de moi !

— Oui... de vous-même.

— Oh ! tu ne m'échapperas pas... par des mensonges dont l'audace égale l'absurdité... Cette calomnie atroce, de qui la tiens-tu? Réponds !

— De vous, mon père !

— Par la mort-Dieu ! je t'écrase comme un ver de terre, si tu ne me réponds pas clairement ! — s'écrie le duc, poussé à bout par l'impassibilité de son fils, et le secouant à lui briser le poignet. — Prends garde !... prends garde !

— Vous me tueriez sur la place, que je vous dirais encore: « C'est vous qui avez trahi la conspiration de Sicile ! c'est vous qui avez livré votre frère Pompeo, pour hériter son titre et ses biens... c'est vous qui m'avez révélé votre fratricide; c'est vous qui, par votre exemple, m'avez poussé au meurtre de mon frère!... » Est-ce là parler clairement?

— C'est aggraver ton forfait par d'abominables mensonges, misérable! Comment, moi, je me serais accusé en ta présence du plus grand des crimes ! d'avoir trahi, livré mon frère pour hériter son titre et ses biens! Moi... je t'aurais fait une révélation pareille? Mais, misérable, ce que tu dis là... est encore plus insensé que monstrueux...

— Insensé je serais en prétendant que c'est volontairement que vous me l'avez faite, cette révélation... Non, non, vous êtes trop rusé pour commettre une telle imprudence...

— Ainsi, cette révélation aurait été de ma part involontaire!

— Oui... et cependant vous me l'avez faite cent fois... à votre insu ! cent fois vous avez dit devant moi l'équivalent de ces mots : — « Je suis cadet de famille; si mon frère meurt, j'hériterai ses biens, son titre... il faut qu'il meure!... Et il est mort. Vous l'avez livré au bourreau... et vous êtes duc della Sorga, mon père.

— Ce malheureux a-t-il perdu la raison? Plût à Dieu ! ce n'est plus de l'horreur, c'est de la pitié que l'on a pour un fou !

— Je ne suis pas fou... Mais il est, voyez-vous, mon père, des paroles... qu'il ne faut jamais prononcer devant les enfants...

— Quelles paroles?

— Celles-là qui m'ont rendu fratricide...

— Quelles sont-elles?

—Ce sera long à vous dire... Ces paroles s'expliquent par des faits, et les faits remontent à quatre ans déjà.

—Il n'importe!...parle...je l'exige!...mais je veux encore espérer que tu as perdu la raison... seule excuse de ta scélératesse.

XXIII

Le duc della Sorga se persuada que quelques paroles de l'un de ses entretiens avec Bartholomeo, son unique confident, avaient été entendues de Felippe qui, cédant à une curiosité coupable, les aurait surprises, mais qu'il ne possédait aucune autre preuve ou certitude morale du crime fraternel. Le duc n'en attendit pas moins avec une profonde angoisse les révélations de son fils. Celui-ci poursuivit ainsi :

— Enfant et adolescent, j'aimais tendrement mon frère.

— Oh! c'est vrai... c'est vrai... — reprend le duc della Sorga, étouffant un gémissement douloureux. — Vous chérissiez jadis Ottavio, et voilà ce qui rend votre crime encore plus horrible! maudit!

— Gardez donc vos malédictions pour votre crime, à vous... il a engendré le mien... Il a changé en haine ma tendresse pour mon frère!

— Quoi! tu oses encore...

— Ah ça! mon père, — dit Felippe avec un accent de glaciale et effrayante ironie, — est-ce que vous croyez que je consentirais à parler... si je ne savais pas que chacune de mes paroles vous doit frapper au cœur?

— Scélérat!

— Une fois pour toutes, mon père, retenez bien ceci: Les épithètes de scélérat, de monstre, de fraticide, s'adressent plus encore à vous qu'à moi... Cette conviction vous rendra peut-être plus ménager de ces gros mots... cela dit pour vous; quant à moi, ils ne me touchent point... peut-être me toucheraient-ils, prononcés par une autre bouche que la vôtre...

Le duc della Sorga reste écrasé sous cette réflexion dont il ne peut méconnaître la terrible vérité.

Felippe poursuit :

— J'aimais tendrement Ottavio... je me consolais d'être laid, chétif et bossu, en le voyant plein de force, de grâce et de beauté ; je me glorifiais en lui, il était ma joie, mon bonheur, mon orgueil.

Felippe, voyant se peindre sur les traits de M. della Sorga l'expression de regrets déchirants, car il pensait à ces jours où l'union de ses deux enfants était si douce à son cœur paternel, Felippe ajoute avec un ricanement sardonique :

— J'insiste à dessein, à plaisir... sur ces temps de mon enfance et de ma première jeunesse, parce que les souvenirs sont pour vous atroces, mon père... ils me vengent du mal que vous m'avez fait...

— Dieu juste! tu l'entends, ce fils dénaturé!... «le mal que je lui ai fait!...» lorsque, depuis sa naissance, j'ai été pour lui le meilleur des pères !

— Le meilleur des pères ne rend pas, par son exemple, son fils fratricide.

— Encore ce reproche infâme... monstrueux!... Mais explique-toi donc, misérable !

— Je ne m'expliquerai pour vous que trop tôt, mon père...

— Achève !...

— Ces jours, où j'adorais mon frère, ont été l'époque la plus heureuse de ma vie... chacun m'aimait, car je m'efforçais de me faire aimer de chacun ; je me sentais bon, car j'étais né bon... et j'étais heureux alors, entendez-vous, mon père, vous qui m'avez rendu si haineux, si méchant, si misérable ?

— Mon Dieu ! entendre cela !... entendre cela !...

— Il faut bien que vous entendiez cela ; il faut bien que vous sachiez, mon père... et vous le savez... que si l'un de nous deux doit ici trembler, repentant... suppliant... ce n'est pas moi... c'est vous !

— Ah ! c'en est trop !

— Non... ce n'est pas trop... écoutez... Vous rappelez-vous la première fois que vous nous avez conduits, Ottavio et moi, au palais della Sorga, lors du retour de votre frère Pompeo, après ses longs voyages en Angleterre, en France et en Amérique ?

— Oui... il y a environ quatre ans !

— Nous habitions alors Palerme, où nous vivions modestement, presque pauvrement; je n'oublierai jamais l'accent de votre voix et votre figure lorsque vous nous avez dit, à Ottavio et à moi :

— Vous étiez presque enfants, lorsque mon frère Pompeo a quitté la Sicile ; il est de retour et a fixé sa résidence dans le magnifique palais della Sorga, qu'il vient de faire restaurer ; vous allez être éblouis, mes enfants, de la splendeur de cette habitation royale, du nombre des domestiques, de l'immense étendue des domaines... Mais, que voulez-vous ? *Mon frère Pompeo a eu le bonheur de naître deux années avant moi... Voilà pourquoi il est duc della Sorga, le plus riche et le plus grand seigneur de la Sicile... tandis que moi je ne suis que le marquis Ricci, pauvre cadet de famille...* Vous rappelez-vous ces paroles, mon père ?

— Soit !... Eh bien ?

— Eh bien ! quand vous avez dit cela, l'envie, la jalousie, quoique contenues, perçaient dans chacune de vos paroles, mon père !

— Cela n'est pas vrai...

— Les enfants... et j'étais encore presque un enfant alors, sont très observateurs, — continue Félippe, sans s'arrêter à la dénégation de son père ; — vos paroles me frappèrent beaucoup... je les retins. J'y songeais souvent et je me disais : « C'est uniquement grâce au hasard de sa naissance, que notre oncle Pompeo est le plus grand seigneur de la Sicile, tandis que notre père n'est qu'un pauvre cadet de famille. » Cela me paraissait une grande iniquité ; je plaignis votre pauvreté, je compris... je partageai presque déjà l'envie, la jalousie que vous ressentiez à l'égard de votre frère Pompeo.

— C'est faux ! — s'écrie le duc aussi surpris qu'effrayé de la sagacité de son fils, — je n'éprouvais aucune jalousie, aucune envie au sujet de mon frère.

— Cette jalousie, cette envie perçaient, au contraire, dans chacune de vos paroles.

— Non !

— Oh ! j'ai bonne mémoire... et je me souviens qu'après notre arrivée au château, et à mesure que vous en admiriez la magnificence, conduits par notre oncle Pompeo et sa jeune femme, alors enceinte, je voyais votre figure s'assombrir, je remarquais encore le sourire contraint et amer lorsque vous disiez à votre frère : — « Savez-vous, Pompeo, que le roi vous envierait ce palais ? » — Ce n'était pas seulement de la jalousie... de l'envie, que vous éprouviez alors, mon père... c'était de la haine !...

— Malheureux ! oser interpréter de la sorte ces paroles, les paroles les plus insignifiantes ! les plus innocentes !

— C'était de la haine, vous dis-je je ; vois encore le froncement sinistre de vos sourcils contrastant avec votre sourire forcé. Nous avons quitté le palais ; je restai ébloui d'une magnificence dont je ne m'étais pas même fait une idée au milieu de notre modeste existence, et je me disais, méditant vos paroles : « — Si le hasard avait fait naître notre père avant notre oncle Pompeo, ce palais splendide, ces immenses domaines seraient les nôtres ; nous vivrions ici en grands seigneurs au lieu de végéter dans notre triste et pauvre maison de Palerme. » — J'eus alors pour la première fois conscience... des privations du luxe ; puis une réflexion en amène une autre ; et peu à peu j'en vins à penser que si, né avant votre frère, vous eussiez été duc della Sorga, ce titre, ce palais, ces richesses, ces domaines auraient appartenu à Ottavio, que le hasard avait fait naître avant moi... toujours selon vos paroles, mon père... toujours selon vos paroles... Et dès-lors, en songeant aux priviléges dont aurait, en ce cas, joui mon frère à mon détriment... mon affection pour lui a commencé de se refroidir, et pour la première fois je me comparais à lui avec amertume. Non-seulement le hasard l'avait fait aussi beau, aussi attrayant que j'étais laid et difforme; mais si vous fussiez né avant notre oncle Pompeo, mon frère eût été grand seigneur, puissamment riche, et moi j'aurais misérablement végété. Ainsi à Ottavio tous les dons de la nature et de la fortune... et à moi... rien... que laideur et pauvreté. Alors la beauté d'Ottavio dont j'étais si fier, m'a semblé un outrage incessant à ma difformité... mon caractère s'est aigri... je suis devenu taciturne, triste, atrabilaire, je me suis replié sur moi-même... ma bonté native s'est noyée dans le fiel... j'ai envié mon frère... or le premier germe de cette envie!... qui l'a jeté dans mon âme... vous, mon père... oui, vous !... en trahissant en ma présence l'envie que vous inspirait votre frère.

— Malheureux, c'est la noirceur, la méchanceté de votre âme qu'il faut accuser, — s'écrie le duc della Sorga, — tâchant d'étouffer sous le reproche la voix redoutable de sa conscience qui lui disait : « Les accusations de ce misérable ne sont que trop fondées... La jalousie, l'envie, puis la haine que les avantages dont jouissait ton frère éveillaient en toi... se sont révélées presque à ton insu... et ainsi la semence du mal a tombé, a germé, a grandi dans l'âme de ton fils.

— Si mon âme est devenue noire et méchante, c'est à votre exemple, mon père, — avait repris Felippe, — et si l'envie, la jalousie que m'inspirait Ottavio sont devenues de la haine... c'est encore à votre exemple.

— Calomnie et mensonge !

— Vérité... fatale vérité, mon père. Vous rappelez-vous le jour où vous avez reçu la nouvelle inattendue de la mort de sa femme, trépassée en couches avec son enfant ? C'était le soir. Bartholomeo vous remit une lettre qu'un courrier venait d'apporter du château della Sorga. Vous lisiez... je vous regardais... Non, jamais je n'ai vu joie plus vive se manifester sur une figure humaine !

— Vous mentez !

— Je ne mens point... la joie vous suffoquait, — et, vous adressant à ma mère et à nous tous, vous étiez rayonnant : « — Béatrice, mes enfants, si vous saviez!... » Mais changeant soudain d'accent et de visage, vous ajoutâtes en feignant soudain une grande tristesse, — vous ajoutâtes : « — Madame la duchesse della Sorga vient de mourir en couches avec son enfant... » Et vous ne pûtes vous empêcher de dire, en jetant à ma mère un regard significatif : « — Il n'est pas probable que mon frère, à son âge, songe à se remarier. » — Alors j'ai deviné la cause de votre joie, en apprenant la mort de la femme de votre frère... S'il restait veuf... vous deveniez après lui duc della Sorga... C'était déjà désirer... sa mort.

— Mais, c'est horrible ! mais encore une fois c'est interpréter avec une malignité exécrable les actes, les mots les plus innocents ! Vous voyez tout à travers le prisme de votre propre scélératesse ! — s'écrie le duc della Sorga épouvanté de la terrible perspicacité de Felippe ; — vous prenez pour des réalités les rêves de votre infernale imagination.

— Nous ne sommes donc pas seuls ici?... mon père?...

— Comment ?... — reprend le duc della Sorga stupéfait de cette brusque question de son fils, — que signifie ?...

— Vous craignez donc qu'il y ait quelqu'un aux écoutes ?

— Non... heureusement pour vous... maudit! personne ne nous écoute.

— Alors d'où vient votre obstination à nier toujours ce que j'affirme?... ce que vous savez être la vérité?

— Quelle audace !

— Après tout... vos dénégations doivent vous brûler les lèvres... Tant mieux!... passons... je compris donc que si notre oncle Pompeo mourait veuf, ainsi que vous l'espériez, vous deviendriez duc della Sorga... En ce cas Ottavio devait hériter un jour ce titre et vos grands biens... ce fut alors que l'envie... que m'inspirait mon frère... devint de la haine... Elle n'allait point cependant jusqu'à désirer de le voir mourir... non...

ce désir ne devait s'éveiller en moi... qu'à votre exemple...

— A mon exemple ?... encore !

— Encore et toujours, mon père... Et rappelez-vous ceci : le lendemain du jour où vous est parvenue la nouvelle de la mort de la femme de votre frère, nous nous sommes rendus au château afin d'offrir nos condoléances à mon oncle Pompeo... Cette fois, lorsque notre voiture est entrée sur le territoire des domaines... et que vous avez entrevu de loin les tours, les coupoles du palais, oh ! ce n'était plus l'envie que je lisais... comme d'habitude sur vos traits épanouis ; c'était le triomphant orgueil du possesseur qui met le pied sur son sol... Vous vous croyiez déjà héritier de votre frère !

— C'est faux !... indigne calomniateur, c'est faux !

— Cela est si vrai qu'il vous est échappé de dire à ma mère en passant devant les pavillons de la cour d'honneur : « — Ces bâtiments sont trop rapprochés de la façade du palais... je les ferai rebâtir plus loin, lorsque... » — vous n'avez pas osé devant nous achever votre pensée en ajoutant: « —lorsque je serai le maître ici... » — en d'autres termes: « lorsque mon frère sera mort. » Mais de ces paroles... au désir de cette mort... il n'y avait qu'un pas... Hé bien! ce pas, vous l'avez franchi!

— Misérable!...

— Ce pas, vous l'avez franchi!... et moi aussi, à votre suite... à votre exemple... me disant : « — Demain, Ottavio mort, c'est moi qui après mon père, s'il devient duc della Sorga, hériterai ce titre et ces biens... Et dès-lors j'ai désiré de voir mon frère mourir... Ce désir n'allait point encore jusqu'à vouloir le tuer, non; ce désir ne devait s'éveiller en moi qu'à votre exemple... mon père!

— Ciel et terre! je te... — s'écrie le duc della Sorga effrayant; mais se contenant, il ajoute :

— Achève... achève!...

— L'on ne devient point en un jour fratricide, je le sais, — continue Felippe, impassible; — et vous n'eussiez peut-être point franchi le pas qu'il vous restait à franchir pour arriver au fratricide... sans les projets de mariage de notre oncle Pompeo... Non, car durant les premiers mois de son voyage, je vous entendais souvent dire à ma mère, sans cacher votre joie profonde : « Mon frère » ne se remariera pas ; il est impossible qu'il » se remarie. » Mais un jour, notre voisin, le comte Orsini, vous dit en notre présence : « Quel homme mystérieux vous êtes, mon » cher marquis. L'on ne parle dans Palerme » que du nouveau mariage de votre frère ; » c'est la nouvelle du jour, et vous ne m'avez » pas dit un mot de cette union. » A ces paroles qui vous menaçaient dans votre héritage, tel a été votre saisissement, mon père, que vous êtes devenu d'une pâleur mortelle.

— Toujours ces mirages de votre âme infernale, incessamment tendue vers le mal!... Si j'ai pâli, misérable, c'était d'étonnement de ce que mon frère ne m'eût pas fait part d'une résolution de cette importance.

— Vous avez pâli à la pensée de perdre l'héritage sur lequel vous comptiez...Le comte Orsini vous a même, à ce sujet, dit en riant : « Ce mariage, s'il se conclut, vous fera per- « dre un beau duché, marquis... » Vous êtes parti à l'instant même pour aller voir votre frère. A votre retour, vous paraissiez quelque peu rassuré ; vous avez dit à notre mère, que ces bruits de mariage étaient exagérés, que votre frère songeait, il est vrai, à mettre un jour terme à son veuvage qui lui pesait, mais qu'il vous eût instruit le premier de ses desseins à ce sujet, s'ils eussent été bien arrêtés. Néanmoins, de ce jour, vous avez vécu sous l'empire de la crainte de voir mon oncle Pompeo se remarier. C'est alors que vous avez franchi le dernier pas, c'est alors que vous êtes devenu fratricide... c'est alors que vous est venue la pensée d'engager mon oncle Pompeo dans une conspiration que vous trahiriez, afin de le livrer au bourreau...

— Infâme !

— J'affirme le fait !

— Il l'affirme ! Dieu juste ! il l'affirme !

— Oui !...

— Mais cette calomnie atroce, ce monstrueux mensonge, sur quoi oses-tu les baser ?... As-tu seulement l'ombre d'une preuve ?...

— Je n'ai aucune preuve.

— Tu l'avoues, misérable !

— Je n'ai pas l'ombre d'une preuve.

— Et tu as l'audace de...

— J'affirme le fait, et je vous défie de le démentir, mon père, si vous êtes sincère.

Et Felippe regarde de nouveau avec une effrayante fixité le duc della Sorga. Celui-ci, vaincu par l'objurgation de la vérité, baisse malgré lui les yeux devant son fils.

XXIV

C'était pour le père fratricide quelque chose de redoutable et qui tenait du châtiment providentiel, que d'entendre ainsi son fils, jadis si bon, si affectueux, si plein de tendresse pour son frère, scruter froidement la pensée génératrice du crime que ce misérable avait tenté de commettre ; la suivre pas à pas depuis son germe, depuis son éclosion, jusqu'à son complet développement, et prouver qu'elle se rattachait par mille liens, par mille racines, *à l'exemple paternel*, oui, que d'entendre Felippe déduisant les faits avec une effrayante logique, jugeant de l'inconnu par le connu, affirmer la réalité du forfait de son père, sans posséder l'ombre d'une preuve matérielle, mais obéissant à une inébranlable certitude de morale, puisée dans l'inexorable fatalité de ces faits.

Le duc della Sorga était, malgré lui, resté muet, terrifié, de la pénétration de son fils, le défiant d'oser en toute sincérité nier qu'il eût engagé son frère dans une conspiration, afin de le livrer au bourreau ; mais bientôt, reprenant sa criminelle assurance et affectant une imposante dignité :

— Je dédaigne de répondre, quant à présent, au défi sacrilége que vous osez, fils maudit, me porter ! Le moment va venir où je confondrai votre audace... Cet entretien, dont la nature se révolte, a déjà trop duré... mais il faut qu'il s'achève pour votre châtiment. Poursuivez.

— J'ai ignoré la conspiration de Sicile jusqu'au jour où elle a éclaté, — reprend Felippe, impassible ; — je remarquais bien depuis quelque temps vos fréquentes absences nocturnes ; des hommes inconnus venaient parfois s'entretenir en secret avec vous ; mais je devais d'autant moins supposer que vous conspiriez, que toujours je vous avais entendu témoigner de votre fidélité pour le roi, tandis qu'au contraire, souvent mon oncle Pompeo ne dissimulait pas le mépris et l'aversion que lui inspirait le gouvernement d'alors. De cela j'ai conclu plus tard la vérité ; les faits l'ont confirmée...

— Quelle vérité ?

— Que, ne partageant pas d'abord les opinions libérales de mon oncle Pompeo, vous aviez feint peu à peu de les partager.

— Dans quel but ?

— Je l'ai dit : dans le but de le pousser à une conspiration dont vous et lui seriez les chefs les plus actifs, et que, le moment venu, vous deviez la dénoncer secrètement.

— Et pourquoi cette infamie ? pourquoi cette abominable trahison ?

— Je l'ai dit, — afin d'envoyer à l'échafaud votre frère, que vous craigniez de voir se remarier... Vous héritiez par sa mort son titre et ses biens!... Il en a été ainsi... vous êtes aujourd'hui duc della Sorga!

— Soit! — dit le duc se contenant; — mais vous oubliez quelque chose.

— Quoi?

— Et la condamnation à mort dont j'ai été frappé comme mon frère...

— Comédie!... vous avez été grâcié!

— Et l'exil où je vis?

— Comédie! L'exil aura son terme tôt ou tard; et, en attendant qu'il cesse,—ce moment est sans doute peu éloigné... vous êtes et resterez le plus riche et le plus grand seigneur de la Sicile, et mon frère héritera votre titre et vos biens, puisque, moins favorisé que vous... je n'ai pu accomplir mon dessein... et qu'il me sera impossible de le tenter désormais. Je resterai donc, comme devant, pauvre cadet de famille. Pourquoi cela? Parce que le hasard a fait naître Ottavio deux années avant moi... ainsi que vous le disiez de notre oncle Pompeo. Osez donc nier maintenant que ces paroles... témoignage de l'envie que vous inspirait votre frère, n'ont pas été le germe de l'envie que m'a inspirée Ottavio! osez donc nier que, plus tard, lorsque je vous ai vu, par la ruse... par la trahison... par le fratricide... devenir duc della Sorga, ce n'est pas votre exemple qui m'a poussé à vouloir, par la ruse, par la trahison, par le fratricide, devenir duc della Sorga !... Et voilà pourquoi je vous ai dit que cent fois vous m'avez, à votre insu, révélé le secret de votre âme... et plus tard, révélé votre crime .. que vous croyiez enseveli dans l'ombre... Voilà pourquoi, mon père, je vous dis : Votre crime a engendré le mien. Donc, trêve d'hypocrisie !... trêve de reproches !... traitons-nous en complices. Vous avez mis fin aux jours de votre frère par la ruse... l'échafaud ! je voulais, moi, mettre fin aux jours de mon frère par la ruse et par le poison... Et, eussé-je réussi, j'étais moins criminel que vous... Ottavio mourait seul... Or, a-t-il été seul à mourir, votre frère Pompeo ?... Répondez donc, mon père !... Combien de têtes sont tombées avec la sienne !... Répondez donc !... Combien de patriotes siciliens pendus, prisonniers ou proscrits !... Répondez donc ? Ces proscriptions, ces morts, qui les a causées ? Est-ce, ou ou non, votre délation ?... Répondez donc !... Et vous osez m'accuser !... et vous osez me menacer !... Ah ! je vous l'ai dit, je vous le répète : c'est vous, mon père qui, aujourd'hui, devez trembler devant moi !

— Silence, malheureux !... quelqu'un vient, — dit tout bas le duc della Sorga, prêtant l'oreille du côté de la chambre voisine :

Puis, il ajoute tout haut :

— Qui va là ?

— Moi, Bartholomeo, monseigneur, — répond le majordome, paraissant au seuil de la porte. — Le marquis Ottavio vient de rentrer à l'hôtel.

— Où est-il ?

— Dans le salon... Il a fait demander à madame la duchesse, qui, au retour de l'Opéra, est rentrée dans ses appartements, si elle pouvait le recevoir.

— Fais dire à la duchesse, par l'une de ses femmes, que je la prie de venir à l'instant dans mon cabinet. Qu'Ottavio m'y attende aussi. Je descends à l'instant les rejoindre avec Felippe.

— Oui, monseigneur, — répond Bartholomeo en s'éloignant.

Le duc della Sorga, s'adressant alors à son fils d'un ton menaçant :

— Demain, vous saurez mes volontés...

Elles seront irrévocables, et, pour l'honneur de ma maison, j'ensevelirai dans le plus profond secret ce qui s'est passé ici ce soir entre nous... Mais je saurai mettre votre frère à l'abri d'un nouveau crime... de votre part... Maintenant, monsieur, suivez-moi.

— A quoi bon ?

— Vous êtes assez méchant, assez dénaturé pour répéter la calomnie exécrable que vous avez eu l'audace sacrilége de me jeter ce soir à la face... Je veux... et je dois, sans faire allusion à ce qui vient de se passer entre nous... vous confondre en présence de votre mère et d'Ottavio, et mettre à néant l'horrible imposture que votre infernale imagination pouvait seule rêver...

— Mettre à néant... la vérité... mon père !

Ce que vous appelez la vérité est le plus noir mensonge qui soit sorti de l'enfer ! et ce mensonge, je le mettrai à néant par une preuve matérielle... palpable... irrécusable... aussi évidente que la lumière ; une preuve devant laquelle il faudra bien que s'incline votre scélératesse ; une preuve enfin devant laquelle vous resterez écrasé sous le poids des remords... si votre âme... peut jamais connaître le remords...

— Vous me prouverez... que vous n'avez pas livré votre frère au bourreau ?

— Oui...

— Je vous suis, mon père... Après la tragédie... la comédie !...

XXV

Le duc della Sorga, suivi de Felippe, descendit dans son cabinet. Ottavio s'y trouvait déjà ; il tenait son visage caché dans ses deux mains, et semblait si accablé qu'il ne s'aperçut pas d'abord de l'entrée de son frère et de son père. Celui-ci étant trop préoccupé des circonstances actuelles pour songer de rechef à pénétrer les motifs des chagrins dont son fils aîné semblait souffrir depuis le milieu de la journée, ne lui adressa pas tout d'abord la parole. Felippe, à la vue de son frère, aux jours duquel il venait d'attenter, resta froid, sardonique et sombre.

M. della Sorga, ouvrant l'un des tiroirs de son bureau, prit dans une case à secret une large enveloppe, dont il tirait deux papiers au moment où la duchesse, assez surprise de l'invitation de son mari à se rendre à l'instant chez lui, entrait dans le cabinet, vêtue d'une robe de chambre de velours noir, car ses femmes la déshabillaient lorsqu'elle avait été appelée auprès du duc ; et, s'approchant de lui :

— Vous m'avez demandée... mon ami ?

Ottavio, jusqu'alors étranger à ce qui se passait autour de lui, tressaille à la voix de sa mère, redresse son visage, devenu presque méconnaissable tant il est pâle et bouleversé, jette sur la duchesse un regard dont il est impossible de rendre l'expression, détourne la vue, se lève brusquement, et afin de se donner, pour ainsi dire, une contenance, s'approche de Felippe et lui dit :

— Bonsoir, mon frère...

— Bonsoir... — répond Felippe d'une voix glaciale, tandis que la duchesse, qui a surpris le regard étrange qu'Ottavio jette sur elle, se dit à part avec inquiétude :

— Quelle est donc la cause du changement soudain que je remarque depuis tantôt chez Ottavio à mon égard ?... Il semble me craindre... me fuir... et tout à l'heure, ce regard... Ah ! j'en frissonne encore !... Quel peut être le motif de cet entretien qu'il m'a fait demander... Je ne sais pourquoi j'éprouve une angoisse mortelle.

Le duc della Sorga s'est, pendant un moment, recueilli, et s'adressant à sa femme d'une voix solennelle :

— Je vous ai priée de venir ici, Béatrice... afin de vous faire part, ainsi qu'à nos enfants, d'un évènement aussi grave qu'imprévu... Veuillez vous asseoir... Asseyez-vous, Ottavio... Felippe...

Les divers membres de la famille s'asseoient, partagés entre leurs préoccupations secrètes et la surprise où les jettent les paroles du duc della Sorga... Seul, Felippe, sans distraction intérieure, est tout entier à l'incident, se demandant avec une sinistre curiosité comment son père... va s'innocenter de son fratricide...

Le duc della Sorga se recueille un instant, puis :

— Voici ce qui s'est passé. — Ce soir, en rentrant ici, j'ai trouvé une lettre anonyme... contenant une calomnie atroce... dont je suis l'objet.

Et M. della Sorga, lançant à la dérobée un regard significatif sur Felippe, enjoint impérieusement à son fils de ne pas le démentir; et poursuivant de la sorte :

— Si méprisables que soient, en général, les lettres anonymes... et quoique celle-ci contienne une accusation tellement monstrueuse qu'aucune personne de bon sens ne saurait accorder la moindre créance à une pareille invention, ma position particulière de chef de la proscription sicilienne m'impose... et ce sera le plus douloureux devoir de ma vie !... m'impose, dis-je, le devoir de réduire à néant cette calomnie, en présence de ma famille, d'abord... et plus tard d'agir de même envers mes compagnons d'exil... Cette lettre anonyme, œuvre de la plus infernale scélératesse, m'accuse...

Le duc della Sorga semble suffoqué par l'indignation, s'interrompt un instant et reprend:

— Cette lettre m'accuse... moi... moi !... d'avoir trahi la dernière conspiration sicilienne... et livré ainsi au bourreau... mon frère !... afin d'hériter son titre et ses biens!

A ces mots, la duchesse della Sorga et Ottavio, oubliant leurs anxiétés secrètes, et d'abord frappés de stupeur, jettent à la fois une exclamation de surprise et d'horreur, tandis qu'un sourire diabolique crispe les lèvres de Felippe.

Ottavio, dont les beaux traits étaient jusqu'alors pâles et abattus, se lève, le visage empourpré, le regard étincelant ; il s'écrie dans l'égarement de son généreux courroux :

— Le nom... de l'infâme... qui ose accuser mon père !...

— Ottavio... mon enfant ! tu oublies que cette infamie... n'est et ne peut être... qu'anonyme... — dit la duchesse della Sorga saisissant, quoique partageant l'indignation de son fils, cette occasion de lui prendre et de lui serrer tendrement la main, sous prétexte de l'engager à se rasseoir près d'elle et de s'assurer ainsi s'il sera insensible à cette caresse dissimulée.

Mais madame della Sorga sentit presque

soudain refroidir entre les siennes la main, d'abord brûlante, d'Ottavio... comme si le contact de sa mère l'eût glacé de répulsion... Et il en était ainsi... car se dégageant presque brusquement de la douce étreinte que prolongeait la duchesse, il lui dit :

— Vous avez raison... cette infamie est anonyme... je l'oubliais... madame !...

Et entraîné par son respect et par son admiration pour le caractère de son père, Ottavio se jette aux genoux du duc della Sorga, et s'écrie :

— O mon père !... ô noble et saint martyr de la plus sacrée des causes !... Les méchants consacrent votre gloire en tentant de la flétrir !... Ah ! vous ne m'avez jamais paru plus auguste qu'en ce moment !... vous dominez de toute la grandeur de votre vertu... l'abjection de vos accusateurs !... Soyez béni, mon Dieu ! soyez béni !... Mon amour, ma vénération pour mon père... pouvaient augmenter encore !...

— Ottavio... mon fils bien-aimé..., si tu savais combien ta tendresse m'est chère... ?ette heure !... — balbutie le duc della ', serrant passionnément Ottavio contre sa poitrine, à la fois ravi de cette nouvelle preuve de la vénération qu'il inspire à son fils aîné, dont le cœur est si noble, si pur; et cependant le duc est torturé, navré par cette pensée, que son second fils... *sachant la vérité*... est là... impassible et redoutable, témoin de cette scène où la plus touchante adoration filiale se prosterne aux pieds d'un PÈRE FRATRICIDE !...

En effet, infernal était le sourire de Felippe qui ne quittait pas son père des yeux.

La duchesse della Sorga, non moins persuadée de l'innocence de son mari qu'Ottavio, ne songeait en ce moment qu'à ces faits qui portaient à leur comble son angoisse et son effroi : elle avait senti entre les siennes la main de son fils glacée d'horreur, et pour la première fois de sa vie... il l'avait appelée madame! lui, la veille... et le matin encore, si respectueux et si tendre!...

D'où venait ce changement soudain ? Des doutes... des soupçons... eussent été impuissants à opérer une complète et subite transformation dans les rapports d'Ottavio et de sa mère. Il était donc sous l'empire d'une certitude absolue...

Mais à quoi se rattachait cette certitude?...

La duchesse della Sorga se rappelait alors avec une exactitude anxieuse les moindres évènements de la journée, son rendez-vous du matin avec M. de Luxeuil au parc de Monceaux...

— Mais comment Ottavio en aurait-il été instruit?...

L'entretien qu'elle avait eu avec Wolfrang, et dans lequel, égarée par le honteux entraînement de sa passion, un aveu dégradant s'était échappé de ses lèvres...

Mais de même, cet entretien sans témoin... comment Ottavio en eût-il été instruit?

Enfin, se remémorant les incidents de la soirée passée à l'Opéra, la duchesse se souvenait d'avoir vu, de sa loge, M. de Luxeuil assis aux stalles de l'orchestre... et un peu plus tard Ottavio et Alexis Borel venir se placer derrière le jeune *beau*, qui, en ce moment, causait avec l'un de ses voisins... La toile s'était levée... puis, dans l'entr'acte, la duchesse vaguement inquiète du rapprochement de son fils et de M. de Luxeuil, et ne perdant, à l'aide de sa lorgnette, aucun de leurs mouvements, avait vu les deux jeunes gens échanger un salut poli sans s'adresser la parole... Après quoi, Ottavio, sortant de la salle avec le jeune Alexis Borel, n'avait pas, il est vrai, reparu aux stalles et n'était pas venu, ce dont elle s'étonnait, la visiter dans sa loge... Le seul danger que pouvait redouter la duchesse en songeant au hasard qui avait rapproché son fils de M. de Luxeuil, était une indiscrétion échappée à ce dernier, et surprise par Ottavio... Il n'en pouvait être ainsi... puisque les deux jeunes gens s'étaient salués avec courtoisie, sans échanger une parole, et qu'Ottavio n'avait pas, depuis cette rencontre, reparu à l'Opéra...

Enfin, l'inexplicable froideur de son fils envers elle et dont elle s'alarmait, s'était manifestée depuis le milieu de la journée...

Aussi la duchesse della Sorga s'épuisait-elle à chercher la vérité au milieu du noir chaos de ses confuses, mais poignantes appréhensions, tandis que le duc, nous l'avons dit, — car ces divers incidents, si longuement racontés, se passaient avec la rapidité de la pensée, — tandis que le duc, à la fois ravi et torturé du redoublement de respect et de tendresse que lui témoignait Ottavio, le serrait passionnément entre ses bras.

XXVI

Le duc della Sorga se dispose à continuer l'entretien, après avoir répondu aux touchantes paroles et au généreux mouvement d'Ottavio ; celui-ci, continuant de fuir les regards de la duchesse, qui attache sur lui un œil presque suppliant, s'est assis non loin de son père ; enfin Felippe, possédant seul un sangfroid effrayant parmi les acteurs de cette scène, est debout, les bras croisés, adossé à la cheminée.

Le duc reprend ainsi après un moment de silence :

— Je vous ai dit la calomnie atroce renfermée dans cette lettre anonyme... je vous ai dit quelle menace elle contenait... je vous ai dit que, malgré le mépris dont l'on doit habituellement couvrir de pareilles accusations... ma position était telle... qu'un devoir impérieux m'obligeait à réduire cette calomnie au néant en présence de ma famille d'abord... et ensuite en présence de mes compagnons d'exil... Je vous ai dit enfin que le devoir que j'ai à remplir... serait le devoir le plus douloureux de ma vie...

Ces derniers mots sont prononcés par le duc della Sorga d'une voix tellement altérée, qu'il est forcé de s'interrompre pendant un moment, puis il reprend ainsi :

— Il est un secret affreux que j'aurais voulu ensevelir dans ma tombe, le silence ne m'est plus permis, une accusation terrible est portée contre moi...

— Mais son insanité même ne rend-elle pas cette accusation digne du dernier mépris! — dit la duchesse, tâchant de se distraire de ses appréhensions au sujet d'Ottavio. — Qui pourra jamais croire, grand Dieu ! que vous, vous... César della Sorga, vous ayez trahi vos amis, votre frère, livré le secret de cette conspiration !

— Hélas ! —reprend le duc, —cette accusation insensée... monstrueuse... en tan qu'elle pèse sur moi... ne serait, malheureusement que trop fondée, si elle pesait sur le véritable coupable !... Oui ! la dernière conspiration a été trahie !... oui, il existait un traître parmi nous !...

— Et le nom de ce traître, quel est-il donc ? —s'écrie Ottavio. — Si vous le connaissez, cet infâme !... vous devez, mon père, livrer son nom à l'exécration de tous les patriotes siciliens !... oui, de tous !...

— Bien dit, Ottavio, — pensait Felippe.— Quel coup affreux tes paroles doivent porter à notre père !... car cet exécrable traître, dont l'infamie te révolte... c'est lui !... Il avoue la trahison... qui donc va-t-il avoir l'audace d'accuser ?

Le duc della Sorga, que la véhémente indignation d'Ottavio a fait pâlir de douleur, tire de l'enveloppe placée près de lui une dépêche ; puis :

— Nommer le vrai coupable... prononcer son nom serait au-dessus de mes forces... je laisse à un autre que moi... ce terrible devoir... Écoutez :

Et le duc, d'une voix altérée, lit la dépêche ainsi conçue :

« Monsieur le marquis Ricci,

» Au nom du roi, notre maître, je vous
» écris ceci :

» Vous et votre frère Pompeo, duc della
» Sorga, vous avez commis un crime de
» haute trahison, et en armant contre Sa Ma-
» jesté quelques-uns de ses sujets égarés,
» vous avez déchaîné les horreurs de la
» guerre civile.

» Vous avez fait couler le sang dans un
» pays paisible, vos crimes sont avérés, la
» justice a prononcé.

» Vous êtes condamnés à la peine de mort,
» vous et votre frère Pompeo.

» Le roi, notre maître, maintient cette
» peine à l'égard de votre frère Pompeo,
» mais en vertu de son droit de grâce, Sa
» Majesté daigne commuer votre condamna-
» tion à mort en un bannissement perpé-
» tuel, monsieur le marquis Ricci, parce que,

» si grand qu'ait été votre attentat, il n'est pas
» du moins déshonoré par une lâche trahi-
» son envers vos complices.

» Sa Majesté peut, dans sa clémence ma-
» gnanime, daigner amnistier le sujet re-
» belle, mais du moins loyal jusque dans sa
» rébellion même et gardant sa foi envers ses
» complices ; mais le roi est inexorable pour
» celui qui, trahissant à la fois Sa Majesté et
» ceux qu'il a poussés à la révolte, les livre
» avec une abominable perfidie à la vindicte
» des lois, au moment de l'action !

» Ce double crime... votre frère... l'a...
» commis... et... »

Le duc della Sorga s'interrompt, vaincu par l'émotion...

Émotion non pas feinte, cette fois... mais conscience vengeresse... vraie, poignante, atroce... car ce misérable songeait que, doublement fratricide... il tuait l'honneur de son frère après l'avoir livré au bourreau...

Voici ce qui s'était passé :

Le duc (alors marquis Ricci) avait révélé le complot la veille de son exécution :

1° A la condition d'être gracié de la peine de mort et provisoirement exilé ;

2° A la condition que, lorsque son frère Pompeo serait sous le coup de la peine capitale, on lui arracherait, en lui promettant son pardon, l'aveu mensonger qu'il était le délateur de la conspiration...

Pompeo, d'un caractère ardent, impétueux, mais faible et bien connu de son frère, devait presque assurément tomber dans ce piége infernal.

Il en fut ainsi.

Un habile affidé fut dépêché à Pompeo dans sa prison, avec mission de lui signifier sans autre explication :

— Que s'il consentait à avouer par écrit qu'il avait dénoncé ses complice, la veille de leur tentative de rébellion, la peine de mort serait commuée pour lui en exil, et que le secret serait fidèlement gardé.

Cette étrange et inexplicable proposition révolta d'abord Pompeo ; il demanda à quoi bon d'ailleurs cette déclaration mensongère qui pouvait le déshonorer ?

Il lui fut inflexiblement répondu :

— « Qu'il n'avait pas à discuter cette offre, si incompréhensible qu'elle lui parût, mais à l'accepter, oui ou non. — Si... *non*, il serait exécuté le lendemain. — Si... *oui*, il partirait à l'instant pour l'exil et resterait maître de ses biens.

Pompeo tenait à la vie, à ses richesses ; il avait pu tout risquer dans l'effervescence de sa passion politique surexcitée par son frère qui l'avait persuadé du succès de la conspiration ; mais vaincu, mais prisonnier, mais face à face avec la mort, l'exaltation première de Pompeo fit place à un morne découragement, et bientôt l'amour de la vie... étouffa l'horreur qu'il avait d'abord ressentie à la pensée de s'accuser d'une trahison... exécrable... puis il se dit qu'après tout le secret lui serait gardé ; que fût-il même un jour révélé, la conscience de son innocence lui donnerait le courage de braver l'erreur des hommes à son sujet...

L'heure du supplice approchait... Pompeo, dominé par l'invincible terreur de la mort (et n'ayant jamais soupçonné la scélératesse de son frère), consentit à ce qu'on exigeait de lui...il écrivit sous la dictée de l'affidé quelques lignes qu'on lira ci-après... et au point du jour la tête de Pompeo tombait sur l'échafaud, où il fut porté presque inanimé, car, apprenant qu'il avait en vain signé l'aveu de son déshonneur, il tomba défaillant et ne reprit quelque peu ses esprits qu'au moment de mourir et lorsqu'il reçut les derniers embrassements de... son frère !

XXVII

Le duc della Sorga s'était interrompu vers la fin de la lecture de la dépêche qui contenait, contre son frère, une si terrible accusation.

A cette découverte, une stupeur douloureuse s'était peinte sur les traits de la duchesse et d'Ottavio. Mais Felippe, d'abord non moins stupéfait que son frère et que sa mère... réfléchit... puis ses lèvres se contractèrent par un sourire sinistre; il lança au duc un regard que celui-ci comprit, et qui signifiait :

— Comédie ! comédie ! quels que soient les aveux de votre frère... vous l'avez livré au bourreau... vous êtes le véritable traître... je l'affirme !

— Mon Dieu ! — s'écriait en ce moment Ottavio, après un moment de silence et de cruel accablement. — Un frère... trahir une conspiration dont son frère est l'un des chefs, et ainsi le vouer à la mort !... Est-il donc possible... ce crime qui révolte la nature !

— Bien dit, Ottavio ! — pensait Felippe, observant toujours le duc, et remarquant le frémissement que lui causait la généreuse indignation de son fils aîné. — Avec quelle férocité ingénue ta vénération filiale torture celui que tu crois le plus innocent des hommes ! ô frère naïf !

Ottavio, dans l'épouvante et l'espèce d'incrédulité que ce forfait contre nature cause à son âme généreuse, tourne vers Felippe ses yeux baignés de larmes, puis :

— Je te le demande à toi-même... mon frère... qui méconnais, hélas ! ma tendresse, toi qui, dans l'amertume de ton caractère

morose et aigri, t'éloignes de moi... dis...
l'aurais-tu cru... possible... ce crime sans
nom! un frère... trahir son frère?

— Notre vénérable père doit le savoir
mieux que personne... puisqu'il dit que
cela est, — répond Felippe avec son ricanement diabolique, et jetant sur le duc un
regard qui le glace... tandis que la duchesse
dit vivement à son mari :

— Votre frère... Pompeo! capable d'une
pareille trahison!... A qui donc se fier désormais, juste ciel!...

— J'ai hâte d'achever cette révélation, —
répond le duc; — chaque ligne, chaque mot
de cette dépêche me déchire le cœur.

Le fratricide ne mentait pas cette fois... il
sentait ses forces à bout; il reprit donc ainsi,
d'une voix altérée, la lecture de la dépêche :

« ... Ce double crime, votre frère Pompeo
» l'a commis... et le roi, notre maître, dans
» sa justice inexorable, a laissé ce double
» traître subir le supplice de sa scélératesse.

» Vous partirez demain pour l'exil, vous et
» votre famille, monsieur le marquis de Ricci.

» Cet exil sera éternel, à moins que l'iné-
» puisable clémence de Sa Majesté ne soit un

» jour touchée de votre repentance, si elle est
» témoignée par des actes......

» Je joins ici, par ordre du roi, notre maî-
» tre, un billet écrit par votre frère et remis
» à Sa Majesté la veille du jour où le complot
» devait éclater.

» Je vous prie d'agréer, monsieur le mar-
» quis Ricci, l'assurance de mes sentiments
» distingués,

» Le secrétaire intime de Sa Majesté,

» Chevalier PAOLO FRANCHI. »

— A cette dépêche, — ajoute le duc della Sorga d'une voix de plus en plus atterrée, — était joint ce billet... Hélas ! il m'était impossible de méconnaître l'écriture de mon malheureux frère...

« Sire,

» Un complot contre la sûreté de l'État
» doit éclater demain...

» Je m'arrête au bord de l'abîme où un
» criminel vertige m'a précipité.

» Puisse mon repentir et les services que
» je puis rendre au roi, en cette occasion,
» me mériter mon pardon !...

» Le temps presse... je suis aux ordres de
» Votre Majesté, si elle daigne me mander

» à l'instant près d'elle... ou près de Son Ex-
» cellence le ministre de la police, afin de lui
» donner tous les détails et toutes les indica-
» tions nécessaires pour empêcher le com-
» plot d'éclater, et surprendre les chefs.

» J'ai l'honneur d'être, de Votre Majesté,
» le très humble et fidèle sujet,

» POMPEO DELLA SORGA. »

Un moment de douloureux silence règne de nouveau parmi la famille della Sorga en suite de la lecture de ce billet.

Seul, Felippe se disait avec l'effrayante perspicacité qu'il puise dans la logique et dans la fatalité des faits :

— Si ce billet n'est pas l'œuvre d'un faussaire, lequel ne peut être que mon père... Si ce billet a été écrit par mon oncle Pompeo... il lui aura été arraché par les menaces de la torture... ou par la promesse de sa grâce... à l'instigation de mon père... que ce billet devait mettre à l'abri de tout soupçon de trahison.

— O mon père ! — s'écrie Ottavio, ce qu'il y a de plus affreux dans la calomnie dont vous êtes victime, c'est de vous réduire à vous en disculper... vous, Dieu juste ! vous !

dont le patriotisme, l'honneur, la loyauté... sont l'orgueil de votre famille et de ceux qui, comme vous, sont les martyrs de notre sainte cause !

— Mon ami, — reprend la duchesse, s'adressant à son mari ; — ce secret... qui, hélas ! entache à jamais de félonie l'un des membres de votre antique maison, pourquoi le divulguer à vos compagnons d'exil ?

— Pourquoi ? — répond le duc avec une amertume concentrée, en jetant un regard significatif à Felippe, — pourquoi le divulguer... ce secret ? Parce que le misérable qui m'accuse d'une trahison qui n'est pas la mienne, et me menace de répandre cette calomnie atroce, peut tenir sa promesse... Il me faut donc, dans cette extrémité terrible, et afin de détruire jusqu'à l'ombre d'un soupçon... le prévenir et dévoiler la vérité tout entière... dût cette vérité, que je tairais au prix de ma vie, s'il ne s'agissait pas de mon honneur, dût cette vérité m'arracher l'âme ! Voilà pourquoi je suis forcé de réunir demain nos compatriotes, et de leur faire cette révélation.

Le duc della Sorga, brisé par tant d'émotions, voulant échapper à la fois à la présence d'Ottavio et à celle de Felippe, la tendre vénération du premier étant pour le père fratricide un supplice aussi cruel que e secret mépris de son second fils, — le duc della Sorga ajoute en se levant :

— Et maintenant, veuillez me laisser seul, je suis anéanti, j'ai besoin de repos...

Mais, songeant soudain à la tentative homicide de Felippe, et frémissant à la pensée de laisser Ottavio, sans défiance, dormir cette nuit à la portée des sinistres desseins de son frère, il dit à Ottavio :

— Mon enfant, je me sens si péniblement impressionné, que je crains de ne pas trouver cette nuit le repos dont j'ai tant besoin... et dans ma pénible insomnie, il me serait doux de t'avoir près de moi. On fera un lit sur le canapé de ce cabinet, voisin de ma chambre à coucher, de sorte que je t'appellerais... si je désirais ta présence.

— Oh! mon père! — s'écrie Ottavio, — je vous remercie de cette pensée. Dieu veuille que ma présence puisse alléger vos chagrins!

Mais soudain, les traits du jeune homme s'assombrissent, et faisant un terrible effort, afin de s'adresser à la duchesse, sur laquelle il ne lève pas les yeux, il reprend :

— Pendant que l'on me préparera mon lit dans ce cabinet, ma mère... veut-elle m'accorder chez elle un moment d'entretien ?

— Sans doute, mon enfant, — répond madame della Sorga avec un empressement mêlé d'une crainte secrète. — Viens chez moi...

— Mon ami, — dit le duc assez surpris, — ne peux-tu remettre à demain ce que tu as à confier à ta mère ?

— Si ma mère consent à m'entendre ce soir, je préfère ne pas renvoyer cet entretien à demain, — répond Ottavio, tâchant de raffermir sa voix. — Je serai bientôt de retour auprès de vous, mon père.

— Qu'il en soit ainsi, mon ami; — dit le duc ; — j'espère ne pas avoir à troubler ton sommeil.

— Mon sommeil ! — pensait Ottavio, — ah ! de longtemps il n'approchera de mes yeux... et je n'ai plus de consolation, de refuge qu'en vous, le plus vénéré des pères !

La duchesse della Sorga s'approchant de son mari pour prendre congé de lui :

— Bonsoir, mon ami... ayez bon courage !

Que la pensée de votre innocence vous réconforte, vous soutienne !

— Et, s'adressant à Felippe, la duchesse ajoute :

— Bonsoir, mon fils... J'espère qu'en présence du nouveau malheur dont nous sommes tous frappés, par la funeste révélation de ce soir, vous n'aggraverez pas notre affliction en persistant dans votre froideur pour votre frère.

— Je sens, ma mère, quels nouveaux devoirs m'impose la révélation que nous venons d'entendre, et à ces devoirs... je ne manquerai point, — répond Felippe avec un accent qui, de nouveau, fait frissonner le duc ; puis, suivant sa mère et Ottavio, qui sortent du cabinet, Felippe remonte dans sa chambre, tandis que madame della Sorga, à côté de laquelle marche Ottavio, silencieux et sombre, se dirige vers son appartement en disant :

— Ah ! je ne sais pourquoi cet entretien m'épouvante ; mais, quel qu'il soit, mes angoisses auront un terme. Mieux vaut la plus cruelle certitude... que les transes mortelles dont je suis depuis tantôt torturée !

XXVIII

Ottavio est seul avec sa mère, dans un petit salon dont est précédée la chambre à coucher de la duchesse.

Celle-ci n'ose interroger son fils ; elle s'est assise ; il est resté debout devant elle, et si ému, qu'elle remarque le léger tremblement dont son corps est agité. Rompant enfin le silence, il dit à voix basse :

— Madame... veuillez vous assurer que

vos femmes se sont retirées de votre chambre à coucher.

— Pourquoi cette précaution, mon fils?

—Parceque mes paroles ne doivent être entendues, madame... que de vous... et de Dieu!

Ce début, d'une solennité menaçante, ce mot de *madame*, à elle adressé pour la seconde fois par son fils, augmente l'effroi secret de madame della Sorga ; mais en même temps, et dans l'espoir d'imposer à son fils, elle sent la nécessité de recourir à son hypocrisie, à son audace habituelle, et, profitant des quelques instants qu'elle emploie pour aller ouvrir la porte de sa chambre et s'assurer de l'absence de ses femmes, elle recompose son visage qui, jusqu'alors avait, malgré elle, parfois trahi l'alarme du coupable en présence de son juge.

La duchesse, revenant alors lentement près de son fils, avec un masque de haute dignité, mêlée de surprise et de tristesse, lui dit :

— Mon fils, nous sommes seuls. Mais, avant de vous écouter, je dois... et cela m'est pénible... je dois, pour la première de ma vie, peut-être, vous adresser un reproche... et... je...

— Un reproche ! — répond Ottavio avec une sombre amertume, — ah ! madame !... madame !...

— Lorsque je vous parle, mon fils, — reprend madame della Sorga, — il est convenable que vous m'écoutiez sans m'interrompre.

La duchesse, accompagnant ces paroles d'une autorité tempérée par la bienveillante inflexion de la voix, a attaché sur Ottavio un regard qui a retrouvé toute sa fermeté.

Le jeune homme, dont la vénération filiale était demeurée jusqu'alors une sorte d'idolâtrie pour sa mère, cède presque machinalement à son habitude d'affectueuse soumission, se tait et baisse les yeux devant sa mère. Celle-ci, croyant avoir repris son empire accoutumé sur Ottavio, redouble d'assurance et poursuit ainsi :

— Je vous le répète, mon fils, il m'est pénible d'avoir, pour la première fois de ma vie, un reproche à vous adresser... Je vous l'ai épargné en présence de votre père, mais puisque, selon votre désir, nous voici seuls... je me plains, et j'ai droit de me plaindre... de votre conduite envers moi durant cette journée.

Et la duchesse, répondant à un mouvement involontaire d'Ottavio, répète :

— Oui... j'ai à me plaindre de vous, mon fils... Vous avez, aujourd'hui, plusieurs fois, manqué gravement à vos devoirs envers moi, s'il me faut donner le nom de *devoirs* à des rapports que ma tendresse vous a toujours rendus si doux, si faciles... D'abord, plus surprise qu'affligée, puis, plus affligée que blessée du changement inexplicable que je remarquais en vous, j'ai vu avec douleur, et j'ai ensuite apprécié sévèrement... la regrettable froideur avec laquelle vous accueilliez mes bontés... je dirais presque mes avances maternelles... lorsque, plusieurs fois, malgré la sécheresse peu respectueuse de votre accueil, je condescendais, mon fils, à vous demander avec une affectueuse instance la cause du chagrin dont vous paraissiez souffrir... Enfin, ce soir, ainsi que vous le deviez faire au moins par convenance, vous n'êtes pas, une seule fois, venu me voir dans la loge où je me trouvais à l'Opéra...

Le souvenir de cette soirée semble rompre soudain l'espèce de fascination encore exercée sur Ottavio par l'hypocrite parole de cette femme dont il a si longtemps adoré les vertus mensongères... Il se révolte contre lui-même à la pensée de se laisser imposer de nouveau par une feinte dignité, d'autant plus repoussante à ses yeux, qu'il n'ignore plus ce qu'elle cache de perversité. Son indignation va éclater, lorsque la duchesse, lui imposant silence d'un signe impérieux, ajoute sévèrement :

— Mon fils vous vous excuserez de vos torts, je l'espère... et j'aime à croire que les excuses vous mériteront mon indulgence... Mais vous devez connaître tous mes justes griefs contre vous... le dernier, le plus grave de tous, celui qui m'a le plus cruellement blessée dans ma tendresse et dans ma dignité maternelles, est cette appellation... *madame*, que vous m'avez plusieurs fois adressée... Sachez, mon fils, que si je vous appelais *monsieur*... vous devriez comprendre que tous les liens de nature et d'affection qui m'attachent à vous seraient alors à jamais brisés, vous ne seriez plus à mes yeux qu'un étranger... Voilà, mon fils, ce qui rend ce mot de *madame*... si dur... si blessant pour moi... Aussi, je crois qu'instruit maintenant de l'interprétation si pénible que je suis obligée de donner à ce mot, vous regretterez profondément de l'avoir employé.

— Il m'en coûte, madame, de...

— Encore?... Quoi! lorsque je viens de vous dire... à l'instant... que...

— Que vous interprétiez ce mot comme une rupture de tous les liens de nature et d'affection... qui m'avaient jusqu'ici attachés à vous... madame?... Il me faut malheureusement accepter cette interprétation, madame; elle est vraie...

— Qu'entends-je?... vous osez...

— J'ose... et dois vous parler maintenant et désormais, madame... ainsi que je parlerais... à une étrangère...

— Prenez garde! ah! prenez garde! Moi aussi, je regarderais nos liens comme brisés! moi aussi, je vous dirais, monsieur!...

— Ce sont les seuls termes, à l'avenir, convenables entre nous, madame. Que la fatalité de notre destinée s'accomplisse!

— Oubliez-vous donc, insensé! que les mauvais fils méritent et encourent la punition du ciel?

— Ah! madame, — s'écrie Ottavio, révolté

de l'hypocrisie de sa mère, — n'invoquez pas le ciel... il est redoutable aux méchants !

— Et surtout aux fils ingrats !

— Je n'ai jamais été ingrat, madame... j'ai accompli religieusement mes devoirs envers vous... jusqu'à ce jour...

— Achevez.

— Jusqu'à ce jour, madame, où, pour le malheur éternel de ma vie, il ne m'est plus permis d'avoir d'estime...

— Pour moi, peut-être ?

— Il n'est que trop vrai, madame...

— Un pareil outrage à moi, votre mère ! mais c'est impossible !... Cet outrage est d'ailleurs tellement odieux qu'il ne peut m'atteindre... et il est tellement inattendu de votre part, à vous, jusqu'à présent si bon fils, que je ne veux pas croire qu'en parlant ainsi, vous jouissiez de votre raison. C'est du délire, c'est du vertige.

— Madame, cette scène est, pour moi, horrible... elle n'aurait pas eu lieu, vous ne m'eussiez jamais revu, s'il ne s'agissait de l'honneur de mon père.

— De l'honneur de votre père ?...

— Oui, madame.

— Que signifie?...

— Vous allez le savoir, madame... Et aussi vrai que Dieu me voit, m'entend et me juge, je partais cette nuit, emportant un secret qui, en un seul jour, anéantit dans mon cœur ma tendresse et ma vénération pour vous, madame.

— Ottavio! mon enfant! — s'écrie la duchesse della Sorga, changeant soudain d'accent, et du ton le plus suppliant; — toi... renoncer à ta tendresse, à ta vénération pour ta mère!... Mais encore une fois, c'est impossible! ta raison s'égare!

— Ma raison est calme et froide... calme et froide comme ma parole, madame... Je devrais éclater en sanglots en renonçant à votre affection... et, vous le voyez, mon œil est sec, ma voix à peine altérée... Cela vous surprend, madame; moi aussi... je suis surpris, épouvanté, lorsque je regarde dans mon cœur, et que j'y vois, vide et saignante, la place que tenait mon amour filial, à jamais détruit en ce jour maudit!

XXIX

Ottavio restait en effet calme, froid, contenu; plus grandes étaient la pureté, la loyauté de son âme, plus profonde, plus invincible, devait être l'horreur que lui inspiraient la dépravation et surtout l'hypocrisie de sa mère. Cette femme austère et tout en Dieu ne demandait-elle pas la mort de l'épouse adultère, et que l'on exposât au pilori les filles coupables d'une faiblesse !

Ce malheureux fils avait la conviction que

la vie de sa mère n'était qu'un tissu d'opprobre ; et cependant, grâce à sa ruse, à ses mensonges et à son audacieuse dissimulation, elle jouissait d'une réputation irréprochable. La découverte faite par lui, ce jour-là, éclairait d'une lumière fatale les ténébreux antécédents de cette odieuse créature, et mille circonstances passées, absolument analogues à la circonstance actuelle, lui revenant à la mémoire, il ne lui était plus permis de douter de l'horrible réalité. Ces ressentiments, il ne pouvait les témoigner à la duchesse della Sorga dans la plénitude de leur douloureux mépris, retenu sinon par le respect, du moins par la pudeur filiale.

Ah ! si, entraînée par un amour criminel, mais excusable ou explicable, sa mère eût commis une faute unique en sa vie, et que, devenu par hasard maître de ce secret, il l'eût vue éplorée, repentante, il eût éprouvé pour elle une tendre compassion, une indulgente pitié ; mais lorsqu'il songeait que ce M. de Luxeuil, traité la veille par la duchesse avec une si hautaine insolence, était l'objet de ce soudain et honteux écart, Ottavio éprouvait un tel soulèvement que, seule, nous le répétons, la pudeur filiale l'empêchait de témoigner le dégoût et l'horreur dont il était pénétré.

Le calme d'Ottavio semblait surtout redoutable à la duchesse della Sorga; elle perdait l'espérance d'agir sur lui, soit par l'autorité, soit par la tendresse, soit par la ruse et l'hypocrisie; et il fallait que ce secret, découvert par lui, fût entouré d'une bien terrible certitude, pour avoir en un jour transformé en *étranger* pour elle, ce fils, la veille encore idolâtré de sa mère.

Cette femme, malgré sa perversité, chérissait son fils, nous l'avons dit. Elle cédait non moins à l'amour maternel qu'à l'indicible bonheur de se sentir adorée par ce cœur si noble et si candide, bonheur ineffable pour les âmes corrompues, en cela qu'il satisfait l'attrait que les natures les plus dégradées ressentent invinciblement pour le bien, le beau, le juste, et qu'elles triomphent en même temps dans leur habile hypocrisie, à qui elles doivent cette adoration dont elles se savent indignes.

Que l'on juge du désespoir dont était torturée la duchesse della Sorga sous son masque imposant et austère! Elle se maudissait de l'avoir pris, ce masque, et d'avoir, par des reproches qu'elle croyait le comble de la ruse et de l'adresse, augmenté la désaffection de son fils, au lieu de s'être jetée à son cou, palpitante, éplorée, l'adjurant, au nom de sa tendresse, de lui apprendre la cause d'une froideur dont elle était navrée.

Mais il était trop tard, et d'ailleurs l'impassibilité d'Ottavio ne prouvait que trop la force inébranlable de sa conviction; les larmes de sa mère ne l'auraient pas attendri.

Telles étaient les perplexités de la duchesse, lorsqu'Ottavio, après un moment de silence recueilli, reprit avec la redoutable impassibilité d'un juge :

— Voici, madame, ce qui s'est passé. Vous m'avez, ce matin, engagé à aller rendre visite à M. Alexis Borel, et à lui proposer de m'accompagner ce soir à l'Opéra; ma proposition a été acceptée; M. Alexis Borel m'a offert à son tour d'aller visiter avec lui le château de Monceaux.

A ces mots, la duchesse frémit, devient livide; elle a tout compris : il s'agit de son rendez-vous avec M. de Luxeuil. Elle se hasarde à lever la vue sur son fils : il a les yeux baissés ; sa figure est empourprée au seul souvenir de la honte de sa mère ; il continue :

— Nous avons visité les objets d'art. M. Alexis Borel, frappé de la beauté de l'un des tableaux, m'a témoigné le désir d'en prendre rapidement un croquis. Je l'ai laissé dans la galerie. Nous sommes convenus qu'il viendrait me rejoindre près des ruines d'un temple grec que nous avions remarqué dans l'une des allées du parc, en nous rendant au château. Je suis entré par curiosité dans ces ruines, j'examinais un bas-relief, lorsque soudain, dans l'allée obscure qui longe ces ruines, j'entends votre voix, madame...

— C'est possible... — répond la duchesse della Sorga avec une incroyable affectation d'indifférence. — Je suis allée ce matin me promener à Monceaux, et j'y ai même rencontré par hasard M. de Luxeuil.

Madame della Sorga croyait ainsi jouer un coup adroit et hardi en allant au-devant d'une accusation qu'elle devinait.

Mais Ottavio, révolté par cet excès d'audace, s'écrie :

— C'est par hasard, dites-vous, madame,

que vous avez rencontré cet homme, lorsque vous-même avez...

Mais Ottavio, dominé par cette pudeur filiale qui lui imposait tant de réserve dans ce douloureux entretien, n'achève pas et reprend :

— Il m'est impossible d'oublier, madame, que vous avez été pendant toute ma vie l'objet de mes respects, et d'engager avec vous, madame, une discussion sur des faits dont j'ai été témoin et dont l'évidence est malheureusement irrécusable. Il me faut constamment penser à l'honneur de mon père pour me donner le courage d'accomplir le devoir que je remplis ici. Enfin, le sentiment filial m'impose une extrême réserve en ce qui touche l'énoncé des preuves que je pourrais opposer à vos dénégations... Ces preuves, je mourrais, je crois, de honte, plutôt que de vous les rappeler, madame. Je poursuis: Au moment où j'entendais votre voix, vous veniez de vous arrêter avec cet homme près de ces ruines où le hasard m'avait conduit; vous ne pouviez ni l'un ni l'autre m'apercevoir... et malgré moi... — oh! Dieu le sait... car vos premiers mots, adressés à cet homme, m'avaient plongé dans une telle stupeur, que j'étais incapable de parler, d'agir. — J'ai donc, malgré moi, entendu votre entretien avec M. de Luxeuil, *tout votre entretien*, madame. J'étais foudroyé. J'ai cru d'abord que j'allais mourir; une sorte de vertige m'a saisi, mon esprit s'est troublé. Lorsque je suis revenu à moi, vous et cet homme aviez disparu.

XXX

En présence de cette révélation écrasante, il restait à madame della Sorga deux alternatives :

Se jeter aux pieds de son fils et lui faire l'aveu de sa honte ;

Ou bien redoubler d'audace et nier l'évidence... la vérité.

Avouer sa honte eût été possible, si le mérite de l'objet du coupable entraînement de madame della Sorga avait, sinon excusé, du moins expliqué cet égarement ; elle eût alors pu espérer en l'indulgente pitié de son fils. Il n'en était pas ainsi : le cynisme de son entretien avec M. de Luxeuil, dont Ottavio n'avait pas perdu un mot, la couvrait d'opprobre, et il lui fallait renoncer à l'espoir d'apitoyer son fils, car elle eût inspiré à tout honnête homme mépris et dégoût.

Madame della Sorga, en cette extrémité, se résolut donc à redoubler d'audace et à tenter de persuader Ottavio qu'il était dupe de fausses apparences. Elle reprit d'une voix impérieuse et brève :

— Est-ce tout, monsieur ?

— Non, madame.

— Achevez donc !... Moi aussi, j'aurai la force et le courage de vous écouter jusqu'à la fin... sans même vous interrompre... Achevez !...

— De retour ici, mon accablement n'a pu, non plus qu'à mon père, vous échapper, madame... J'ai attribué mon trop visible chagrin au souvenir de ce qui, ce matin, s'était passé entre mon frère et moi... La journée s'est écoulée ; je ne savais à quel parti m'arrêter. Instruit du déshonneur de mon père, je brûlais de le venger ; le coupable m'était connu ; mais je redoutais un éclat qui eût rendu public ce que j'aurais voulu cacher au prix de ma vie... Et personne, personne à qui demander conseil !... Vous aviez dit, madame, à cet homme, durant votre entretien avec lui, que vous iriez le soir à l'Opéra... Il devait s'y rendre aussi... J'espérai que les circonstances, le hasard, me fourniraient peut-être un prétexte ou une occasion de venger mon père... sans éclat... J'allai donc à l'Opéra avec M. Alexis Borel ; la fatalité me poursuivait ; elle voulut que cet homme fût assis devant moi. Lorsque je pris ma place, il ne m'aperçut pas, il me tournait le dos... il causait avec un de ses amis... J'entendis, malgré moi, ses paroles... Le sujet de cet entretien.. c'était vous... madame !...

Ottavio s'interrompt en frissonnant.

La duchesse della Sorga reprend avec un sourire de reproche amer :

— Et vous ajoutez naturellement foi aux paroles de ce misérable... qui diffamait votre mère, et la... mais, non !... continuez... je ne vous interromprai point, je vous l'ai dit.

— Cet homme ne prononçait pas votre nom... madame...

— Et cependant... vous avez cru...

— J'avais été témoin de votre entretien du matin, madame... et de la promesse qui l'a terminée.

— A cet entretien... nous reviendrons tout à l'heure... Mais continuez.

— Cet homme vous désignait en disant : « Une certaine grande dame... et il racontait comment vous lui aviez donné, hier soir, un rendez-vous... et comment, ce matin, en suite de votre entrevue au parc de Monceaux...

Ottavio s'interrompt de nouveau, il devient livide, effrayant ; et levant vers le plafond ses poings crispés, il s'écrie :

— Que Dieu me pardonne !... mais, si en ce moment, je m'étais trouvé seul avec cet homme... je l'aurais assassiné ! Je me serais ensuite brûlé la cervelle, et ce secret eût été enseveli avec nous deux dans la tombe !... Ce qu'il m'a fallu de force et d'empire sur moi-même pour me vaincre, pour ne pas essayer de tuer cet homme sur place... et ce que j'ai souffert, le ciel seul le saura jamais... madame ! L'entr'acte est venu ; cet homme s'est levé et s'est retourné... Il m'a reconnu... il a paru surpris, et d'abord inquiet, en pensant sans doute que j'avais pu entendre ses confidences à son ami... Mais se rassurant en songeant probablement que votre nom n'avait pas été prononcé par lui, et ignorant que le hasard m'avait ce matin conduit à Monceaux, il m'a salué poliment... Éclater, le provoquer, l'insulter en cet instant, c'était avouer que je venais d'être instruit du déshonneur de mon père. J'ai reculé devant cet éclat ; cependant, je ne suis pas un lâche, vous le savez, madame !... Et l'eussé-je été, ah ! la haine dont j'étais possédé contre cet homme m'eût rendu intrépide. Je me disais enfin que le motif de ma provocation serait confié par cet homme à ses témoins, et le déshonneur de mon père, ainsi rendu public... Enfin, M. Alexis Borel, placé à côté de moi, ayant aussi entendu une partie des confidences de cet homme à son ami, au sujet de cette... *certaine grande dame*... m'avait dit, indigné : « Quel fat ! quelle ignoble indiscrétion !... » Ainsi, ma provocation eût révélé à M. Alexis Borel le nom de cette grande dame, et une nouvelle publicité était donnée à ce qu'il fallait cacher à tout prix. Je me suis donc contenu; j'ai rendu à cet homme... son salut! et, hors de moi, j'ai quitté le théâtre. Errant dans les rues et me demandant : Que faire ?... j'ai longtemps réfléchi. Je me suis décidé à vous demander cet entretien, madame... Vous en savez maintenant l'objet; en voici le but : Ces paroles, je vous l'ai dit, madame, ne doivent être entendues que de vous... et de Dieu... Ce fatal secret restera entre nous deux. Mais j'ai l'espoir, j'ai la certitude, et elle m'a seule donné le courage de vous parler, madame, ainsi que je vous parle à vous, ma mère; oui, j'ai la certitude que, me sachant instruit de cet horrible secret, moi, votre fils, sans cesse près de vous, moi, dont la présence sera votre remords éternel, vous ne reverrez jamais ce misérable et respecterez à l'avenir le nom et l'honneur de mon père... Il doit tout ignorer, il ignorera tout! La découverte de la vérité empoisonnerait sa vie, déjà si cruellement éprouvée, et le conduirait au tombeau.... Et afin qu'il ignore tout, afin que le moindre soupçon ne puisse altérer son affection et son respect pour vous, madame, j'aurai, je le crois du moins, j'aurai assez d'empire sur moi-même pour feindre, (et quel supplice, Dieu juste!) pour feindre dans mes rapports avec vous, madame, la tendresse, la vénération que je vous ai témoignées jusqu'ici... Vous devez, madame, et ce sera votre expiation, vous imposer la même contrainte envers moi... Nos lèvres seules exprimeront nos sentiments d'autrefois, mais nos cœurs resteront à jamais glacés l'un pour l'autre. Un dernier mot, madame. Une seule circonstance peut changer ma résolution... c'est l'indiscrétion de cet homme. Si, par lui, le scandale éclate, si le déshonneur de mon père devient public, ce déshonneur sera vengé... j'en jure Dieu! et je ne vous reverrai de ma vie... Je n'ai rien de plus à ajouter, madame; je vais rejoindre mon père.

— Auparavant, vous m'écouterez!

— Madame, rien n'ébranlera ma conviction... Épargnez-moi donc, épargnez-vous à vous-même des explications... elles seraient inutiles.

— Je vous demande, mon fils, de répondre oui ou non à cette question : Ma réputation a-t-elle été irréprochable jusqu'ici?

— Oui, madame, telle a été votre réputation jusqu'à présent.

— La croyez-vous méritée?

— Longtemps je l'ai cru, madame...

— Et à cette heure, vous ne le croyez plus?

— Je n'ai rien à ajouter, madame; encore une fois, je ne puis oublier que vous êtes ma mère.

— Vous n'avez rien à ajouter, malheureux enfant! parce que tout se révolte en vous à la pensée d'incriminer l'irréprochable passé de votre mère... Quelles seraient vos preuves? en avez-vous une seule?

— Je n'ai aucune preuve matérielle au sujet du passé... mais le présent...

Ottavio s'interrompt de nouveau et reprend, en faisant sur lui-même un pénible effort :

— Encore une fois, madame, il m'est impossible de continuer cet entretien.

— Ainsi, vous l'avouez, vous n'avez d'autre preuve pour incriminer le passé, que le présent...

—Et vous croyez, vous, mon fils... quelles que soient les apparences qui vous abusent... vous aveuglent...

— Des apparences... grand Dieu!...

—Oui... Quoi que vous ayez entendu... ce matin ou ce soir... vous croyez que moi... j'aurais souillé en une heure... vingt années d'une vie sans tache?... vous croyez que du jour au lendemain... moi... votre mère... moi... la femme que chacun vénère et doit vénérer... je le dis le front haut, — je suis devenue un monstre de perversité?... Répondez?...

— Je vous répondrais, madame, si vous n'étiez ma mère...

—Vaine excuse! Vous vous taisez, mon fils, parce que le poids de la vérité vous écrase!

— Mon Dieu!...

— Comment! parce que le hasard m'aura fait rencontrer ce matin cet homme à la promenade... parce que j'aurai toléré quelques paroles de fade galanterie...

— Toléré... quelques paroles de fade galanterie! — répète Ottavio, joignant les mains, épouvanté de l'audace de sa mère. — Quoi, madame! lorsque j'ai tout entendu!... lorsque vous-même... avez dit... mais, non, non... ma voix se refuse à achever...

— Ah! je ne suis pas dupe de cette feinte réserve; vous savez bien que quelles qu'elles soient, des paroles... ne sont que des paroles, et, parce que ce fat impudent, les aura traduites ce soir en une bonne fortune mensongère... mon fils... sans autre preuve que l'affirmation d'un pareil misérable, mon fils... témoin de ma vie de chaque jour... ose m'accuser d'avoir déshonoré le nom de son père!... A genoux! malheureux enfant! à genoux!... repentez-vous!... et demandez grâce!... La clémence d'une mère est inépuisable, et peut-être obtiendrez-vous votre pardon!

— Madame... permettez-moi de me retirer...

— Mais rien ne peut donc vous toucher, malheureux insensé!... quoi! toujours... impossible!... inébranlable!

— Mon père m'attend, madame... permettez-moi d'aller le rejoindre.

— Non!... — s'écrie la duchesse della Sorga d'une voix désespérée, suppliante, et saisissant avec force Ottavio, par la main :— Non! tu ne sortiras d'ici que convaincu, repentant de ton erreur... et redevenu ce que tu étais pour moi... le plus tendre... le meilleur des fils...

— C'est impossible, madame!... rien ne peut changer ma condition...

— Rien! mon Dieu! rien! Entendre cela

de toi... Ottavio... mon enfant, qui m'a tant aimée, toi, dont l'affection me rendait si heureuse et si fière! Mais pourtant, si les apparences t'abusent, infortuné! car enfin tu m'accorderas bien cela, n'est-ce pas? qu'il est des apparences trompeuses, si accablantes qu'elles soient.

— Ce sont des actes, madame...

— Cela n'est pas vrai... non, cela n'est pas vrai... ce sont seulement des paroles... et quelles qu'elles soient, ce ne sont pas des faits.

— Il est, hélas! madame, des paroles... plus accablantes que des faits... car elles sont réfléchies...

— Mon Dieu! mon Dieu! — s'écrie la duchesse avec un accent déchirant, — mais enfin... ce ne sont toujours que des paroles; cela... et, pour me railler de ce fat insolent, raillerie de mauvais goût, soit! quand bien même... je lui aurais dit : Vous serez mon a...

— N'achevez pas! au nom du Dieu vivant, n'achevez pas, madame... je suis votre fils!

Et Ottavio, saisi d'horreur, impose d'un geste accablant silence à la duchesse; et à ce moment, entendant frapper à la porte de la chambre, il reconnaît au dehors la voix du duc, — et reprend, — d'une voix basse et tremblante :

— Mon père... madame... il va venir, remettez-vous...

— Béatrice... disait au dehors la voix du duc della Sorga, — Ottavio est-il encore chez vous ?...

— Oui, — répond madame della Sorga d'une voix brisée ; puis, s'efforçant de dominer son émotion, elle ajoute : — Vous pouvez entrer, mon ami...

— Madame... — dit tout bas Ottavio, — notre supplice va commencer ; que rien ne soit changé dans nos rapports aux yeux de mon père ; la révélation qu'il nous a faite tout à l'heure, expliquera notre tristesse s'il la remarque...

Le duc entre bientôt, et trop péniblement préoccupé lui-même pour remarquer l'émotion de son fils et de sa femme, parvenue d'ailleurs à reprendre son masque habituel, il lui dit :

— Je suis brisé d'émotions et de fatigue... je voudrais, avant de tenter de m'endormir... m'entretenir avec mon fils... au sujet de la convocation de nos compagnons d'exil que je désire réunir ici demain... Le devoir affreux que je dois accomplir me pèse si cruellement, que j'ai hâte... d'en finir... et j'ai quelques lettres à dicter à mon fils.

— Je suis à vos ordres, mon père... — répond Ottavio, et s'inclinant devant la duchesse, dont il prend la main, il la porte à ses lèvres, — en disant :

— Bonsoir, ma bonne mère...

— Bonsoir... cher enfant, — répond la duchesse, baisant au front son fils, qu'elle sent frissonner sous ce baiser, — tâche de dormir, si nous tous, hélas!... nous pouvons... cette nuit, trouver le repos... car un grand malheur s'est appesanti sur nous !

— Une épouse... comme vous... Béatrice... — dit le duc tendant sa main à sa femme, qui évite le regard d'Ottavio, — un fils comme le nôtre... et une conscience pure... sont ma consolation... mon soutien en ces jours d'épreuve...

Le duc, appuyé sur le bras de son fils, sort de la chambre de sa femme et regagne son appartement, et il laisse seule la duchesse della Sorga.

IV.   16

XXXI

Le lendemain du jour où s'étaient passés dans la *maison du bon Dieu* les évènements précédents, Wolfrang et Sylvia se trouvaient vers les dix heures du soir dans ce salon dont les boiseries masquaient deux issues secrètes et souterraines.

Toutes deux, par un plan incliné, aboutissaient, l'une au niveau des caves de l'hôtel occupé par la famille della Sorga, l'autre au niveau des caves de la *maison du bon Dieu*.

Cette dernière habitation offrait cette particularité : que le mur du fond, parallèle à la façade, était creux ou plutôt se composait de deux murailles de briques, laissant entre elles un espace vide de six pieds de largeur ; cet espace, régnant dans toute la hauteur de la maison, depuis la cave jusqu'aux mansardes, et divisé en étages, desservi par un étroit escalier en vis, formait ainsi une sorte de couloir secret, pratiqué derrière le mur du fond de chaque appartement. D'imperceptibles ouvertures, ménagées dans l'ornementation des plafonds, des alcôves et des bordures sculptées des glaces, permettaient, grâce à un ingénieux appareil acoustique, d'entendre du couloir secret tout ce qui se disait, même voix basse dans les différentes pièces que prolongeait le couloir, entre autres, et spécialement les chambres à coucher et les salons de chaque étage. De larges tuyaux ventilateurs aéraient suffisamment ces différents réduits ainsi étagés, auxquels l'on montait par un étroit escalier en spirale.

Rien à l'extérieur ne pouvait faire soupçonner l'existence de cette muraille à double paroi, dont le faîte, maçonné de brique, était masqué par la toiture au-dessus de laquelle s'élevait, confondu parmi les corps de cheminées, le tuyau ventilateur destiné à aérer ces couloirs cachés ; ils existaient pareillement, mais sur une échelle réduite, dans l'hôtel occupé par la famille della Sorga ; de sorte que, grâce aux deux conduits souterrains qui aboutissaient à la *maison du bon Dieu* et à l'hôtel contigu de celui qu'il habitait, Wolfrang pouvait, du salon où il se trouvait alors avec Sylvia, se rendre en peu d'instants dans ces réduits secrets pratiqués derrière chaque appartement des deux logis. Enfin, grâce aux précautions prises par l'architecte, d'embaucher des ouvriers étrangers pour édifier, pour achever ou ornementer ces demeures, et de clore rigoureusement le terrain pendant leur construction, l'existence des murailles à double paroi, n'avait jamais été soupçonnée des locataires.

Donc, Wolfrang et Sylvia, ce soir-là, vers les dix heures, s'entretenaient ensemble... La jeune femme, profondément triste et abattue, disait en soupirant :

— Quel sanglant sarcasme de la destinée que cette épreuve. Elle devait, selon toi, mon

Wolfrang, me guérir des pensées qui me navrent, me tuent, et auxquelles je veux me soustraire en m'en allant bientôt dans l'une de ces sphères étoilées... où, sans cesse, nous renaissons, corps et esprit, vivant ainsi à l'infini, nous élevant, nous épurant, de monde en monde, en montant éternellement vers Dieu... O Wolfrang, je te dis ce qu'il y a une année je te disais : je suis lasse... lasse de voir le triomphe de l'iniquité sur cette terre maudite... je suis lasse de voir les méchants heureux et impunis... les bons, les justes méconnus, sacrifiés, méprisés, vivant de l'amertume de leurs larmes et de leurs hontes imméritées... je me suis soumise à tes volontés, mon Wolfrang bien-aimé ; j'ai renoncé, pour un temps, à ce voyage en ces sphères nouvelles pour nous, selon notre croyance et les aspirations de mon âme, ou les méchants deviennent meilleurs, et les bons meilleurs encore... Cette dernière épreuve devait, disais-tu, me convaincre de ce que tu appelais mon erreur... Et les faits les plus accablants... nous prouvent, hélas ! que loin de m'abuser, j'étais encore au-dessous de la terrible réalité !

— Parce que tu es... parce que tu dois

être encore le jouet des illusions... des apparences, ma Sylvia... mais lorsque ce trompeur mirage va s'évanouir à tes yeux devant les splendeurs de l'ÉTERNELLE VÉRITÉ... tu reconnaîtras la vanité de ces illusions... de ces apparences...

— Des illusions, Wolfrang, hélas ! est-ce donc une illusion, entre autres, que le coupable égarement de cette malheureuse femme, madame Lambert, cédant à la séduction de ce fat imbécille?... Est-ce donc une illusion que la commisération sublime de cet époux outragé?... Quoi ! sa première pensée est de sauver la réputation de sa femme par une feinte, dont la délicatesse égale la générosité sublime, en simulant d'être en tête-à-tête avec Francine, afin de détourner les soupçons de son commis aux aguets!... Et cependant M. Lambert savait que sa femme se trouvait chez M. de Luxeuil... Est-ce assez de grandeur d'âme!... Et cet entretien des deux époux résumé par ces mots admirables : — « En vous épousant, madame, j'ai juré de vous accorder aide et protection jusqu'à la fin... Votre faute ne me dégage pas de mon serment! » — Est-ce là une illusion, Wolfrang?

N'étais-tu pas ému toi-même jusqu'aux larmes en me racontant cet entretien, surpris par toi, grâce au couloir secret ?

— Non, Sylvia... non, ce n'est pas une illusion... M. Lambert s'est élevé jusqu'à l'héroïsme du pardon, du dévouement et du sacrifice !

— Et ce héros du pardon, du dévouement et du sacrifice, indignement trahi... est à cette heure le plus infortuné des hommes !

— Telle doit être ta conviction, ma Sylvia, et tout à l'heure tu connaîtras ton aveuglement... Mais, passons... quel exemple vas-tu me citer encore?... Le banquier Borel ?

— L'impunité de ce rusé fripon est-elle assez frappante ? Quelle est la source de son immense fortune ? Un acte plus lâche, plus infâme peut-être que celui du brigand qui vole et qui tue... N'est-ce pas quelque chose d'horrible que cet abus de confiance accompli avec une si audacieuse hypocrisie, et dont le frère de ce malheureux M. Dubousquet a été victime ?... Et quelles conséquences, grand Dieu ! que celles de cette noire scélératesse !... la ruine, le désespoir d'une famille longtemps heureuse et honnête !... Le chef de cette famille, poussé au crime par la misère, et sauvé par l'admirable sacrifice de son frère, ce naïf et glorieux martyr du dévouement fraternel ! ce forçat libéré... aujourd'hui l'objet des mépris et de l'aversion des habitants de cette maison.

— Tandis que le banquier Borel, dix fois millionnaire, est cité comme le modèle de la plus rigide et de la plus éclatante honnêteté, jouit de l'estime, du respect de tous ; l'opinion publique l'acclame un grand homme de bien ; les journaux, échos de ces éloges, affirment à la France, à l'Europe, que M. Borel est le noble type du financier enrichi par son travail, et poussant la probité et la délicatesse jusqu'au plus ombrageux scrupule...

— Une sanglante raillerie de la destinée, Sylvia ! N'est-ce pas un nouvel et exécrable exemple de l'impunité des méchants en ce monde-ci ?...

— C'est à toi de me répondre, Wolfrang.

— Illusion !... Ce seul mot sera ma réponse.

— Illusion !... Dieu juste !

— Oui, et pourtant ce n'est pas tout; non, ce vil et lâche coquin est idolâtré par une femme d'un noble et excellent cœur, d'une riante et aimable vertu, d'un esprit charmant, d'un caractère plein de solidité, plein de droiture et de délicatesse... témoin ce touchant aveu de l'amour de son fils pour toi, ma Sylvia... aveu suspendu sur ses lèvres... et qu'elle n'a voulu te faire qu'en ma présence par un sentiment exquis. Et ce jeune Alexis Borel, doué de vaillantes qualités, vénère et chérit un père indigne... Un seul homme au monde pourrait le dénoncer... cet homme est M. Dubousquet, et il serait, s'il parlait, regardé comme un calomniateur abominable! De sorte, diras-tu, n'est-ce pas? ma Sylvia, que ce Borel, riche à millions, environné de l'estime publique, de la tendresse et de la vénération de sa famille... offre l'un des plus épouvantables exemples de l'impunité des scélérats et de la sécurité de leur bonheur en ce monde-ci... tandis que les hommes tels que Dubousquet sont l'objet du mépris et de l'aversion de tous!

— Est-ce donc là encore une illusion... Wolfrang?

— Oui... et des plus complètes, tu le reconnaîtras tout à l'heure... Mais passons encore... De qui me parleras-tu? de M. de Francheville?

— Ah! cet ignoble hypocrite me cause peut-être encore plus de dégoût et d'aversion que le banquier Borel. Quoi de plus révoltant que la passion effrénée de ce vieillard pour cette perverse et effrontée créature? Quoi de plus ignoble que cette domination qu'il exerce sur elle, grâce à ce faux qu'il lui a fait commettre?... Enfin, quoi de plus perfide, de plus noir que cette machination, grâce à laquelle le prévaricateur s'est assuré l'impunité... en dénonçant, incroyable audace! une prétendue tentative de corruption exercée sur lui! sur lui... qui s'est vendu pour une somme considérable... destinée à assouvir la rapacité d'une fille perdue!...

— Oui... et comme elle le dit dans son langage : — Si Francheville la tient... elle le tient aussi. — Mais comme l'un et l'autre ont un égal intérêt au silence... mais comme M. Morin, unique complice de la prévarication de ce fonctionnaire, se perdrait en le démasquant, il s'ensuit, n'est-ce pas, Sylvia... que l'impunité de cet autre misérable est assurée? L'opinion publique, les journaux exaltent sa vertu; il continuera d'être cité comme l'exemple des fonctionnaires intègres... Enfin, des souverains étrangers, s'associant au sentiment d'estime qu'il inspire, lui enverront des insignes de chevalerie... rendant hommage, non moins à la droiture du négociateur qu'à la haute intégrité de l'homme public lequel n'est cependant qu'un affreux coquin! De sorte que sa vie se passera doucement partagée entre sa passion forcenée pour mademoiselle Cri-cri, qu'il domine maintenant, et les respects de tous, grâce à la profonde considération que ce vieux drôle a usurpée !

— Est-ce encore une illusion!... Wolfrang?

— Oui... et des plus trompeuses !... Mais continuons... Me parleras-tu de ce Luxeuil? le type odieux et, je l'avoue, assez nouveau, de l'avare sordide greffé sur le roué vulgaire? Ce fat sans cœur, sans entrailles, ce bel animal, ce maître sot, dont la présomption peut égaler l'impudence?

— Ah ! Wolfrang... ce roué vulgaire, à qui toute femme de cœur et d'esprit, ou seulement de bonne compagnie... devrait faire fermer la porte le lendemain de sa première visite... Ce roué vulgaire a des succès dans le monde, et dans le meilleur monde... Cette odieuse duchesse della Sorga, sans parler d'autres bonnes fortunes, ne s'est-elle pas affolée de lui? Enfin, ce roué vulgaire, ainsi que tant d'autres de ses pareils, a, pour satisfaire à son caprice... d'un jour... porté le trouble, le déshonneur et des chagrins incurables dans le foyer de M. Lambert. Qu'en adviendra-t-il pour ce Luxeuil? Quel sera son châtiment? Le mépris écrasant avec lequel l'a traité l'époux outragé? Qu'importe à ce Luxeuil? Nul ne saura son ignominie, et, adoré des sottes, envié des sots, il continuera de marcher triomphant dans ses rouéries vulgaires, se souriant à lui-même sans que rien vienne troubler l'impudente placidité de cette âme aussi sèche que de la boue durcie!

— Mais, diras-tu, pauvre Sylvia, qu'est-ce que l'impunité de ce fat ridicule et malfaisant auprès de l'impunité dont est couvert l'exécrable forfait de M. de Saint-Prosper? M. de Saint-Prosper... cette providence des petits enfants... ce philanthrope béni de toutes les mères, et dont le nom répété, prôné par les journaux de France et de l'étranger, prend place parmi les noms des bienfaiteurs de l'humanité?... Et pourtant ce fondateur de l'œuvre d'alimentation de la première enfance... ce prétendu saint Vincent de Paule est un escroc doublé d'un assassin!... Oui, après avoir séduit sa servante... l'infortunée nièce de Dubousquet, et l'avoir rendue mère... ce monstre a étouffé son enfant... l'a brûlé... afin d'effacer toute trace de son crime... et ensuite...

— Ah! Wolfrang... n'achève pas!... A la seule pensée de ce crime, le plus horrible des crimes!... je sens là... au cœur... une douleur nouvelle, — dit Sylvia, pâle, frémissante, et dont les traits exprimaient une indicible souffrance...— Laissons ce monstre!...

— Calme-toi... ange bien-aimé... calme toi... et posons notre pensée sur un contraste adorable! Antonine Jourdan... loyale, vaillante et généreuse nature... Dis, ma Sylvia, quoi de plus charmant et de plus touchant à la fois que le tableau de l'existence de cette orpheline, d'un caractère à la fois si ferme et si enjoué, d'une vertu si riante et si forte; vivant seule et irréprochable, entre le souvenir toujours présent de sa mère et de son fiancé; gagnant gaiement par son travail le pain de chaque jour, et de ses épargnes formant sa modeste dot?...

— Wolfrang... Wolfrang... est-ce une raillerie amère? Cette malheureuse enfant... n'a-t-elle pas vu son avenir brisé... par le suicide de son fiancé, dont elle a pris aujourd'hui le deuil ! Ah ! qu'elle était navrante ce matin sous ces vêtements noirs, qu'elle ne quittera plus, m'a-t-elle dit, et je la crois !... Hélas ! du malheur irréparable dont elle est à jamais frappée, quelle est la cause?... Son pieux respect pour la mémoire de sa mère, la fidélité à la foi du serment ! Oui, d'un mot, Antonine pouvait détruire les soupçons de son fiancé, en lui disant : « Je suis la fille du colonel Germain... » Mais ainsi elle violait le serment juré sur le lit de mort de sa mère, dont le déshonneur était révélé ! aussi Antonine s'est tuée ! Angélique martyre du culte maternel... et cependant victime de calomnies infâmes, sa vie s'écoulera désormais dans le deuil et dans les larmes... tandis que cette abominable duchesse della Sorga, honorée de tous comme épouse et comme mère...

— Continuera sous son masque hypocrite d'être l'opprobre de son sexe... n'est-ce pas,

Sylvia? Quelle ruse ! quelle audace ! quel front d'airain ! Et le duc ! et Felippe... cet infernal bossu ! ce fratricide engendré par le fratricide paternel ! C'est la famille des Atrides que cette famille... moins Ottavio. Noble jeune homme ! combien sa pureté resplendit au milieu des ténébreuses horreurs dont il est entouré.

— Et ce noble jeune homme, forcé de mépriser, de détester sa mère, jusqu'alors l'objet de son idolâtrie... ressentant cruellement la haine dont le poursuit son frère, qui attentera peut-être à ses jours ; ce noble Ottavio sera désormais le seul malheureux de cette famille criminelle. Le silence qu'il gardera sur l'indignité de sa mère assurera l'impunité de cette horrible femme ; le fils fratricide ne sera pas dévoilé par un père fratricide, et la sécurité de celui-ci est assurée par cette lettre arrachée à son frère Pompeo par la terreur de la mort ; car aujourd'hui, m'as-tu dit, Wolfrang, le duc a réuni chez lui ses compagnons d'exil... et ils sont sortis, soulevés d'indignation, en pensant que le plus courageux défenseur de l'indépendance italienne... avait pu seulement être soupçonné de trahison! lui, le patriote illustre! lui, le glorieux proscrit! lui, le saint martyr de la liberté sainte!... Cela est-il vrai, mon Wolfrang... cela est-il vrai?

— Peut-être! Sylvia, peut-être!

— Non, non! le doute n'est plus, hélas! permis. — Les bons, les vertueux, les justes, sont-ils assez calomniés, assez méprisés, assez malheureux! Va-t-elle être assez amère, assez navrée, assez désespérée, la vie d'Antonine Jourdan, de M. Lambert, de M. Dubousquet, du marquis Ottavio! Et quel avenir attend les égoïstes, les fripons, les hypocrites, les scélérats, les monstres?... La duchesse della Sorga, le duc, son fils Felippe, M. de Luxeuil, M. Borel, M. de Saint-Prosper, M. de Francheville et sa digne maîtresse, cette fille perdue, cause de l'opprobre de ce misérable! Oui, quel avenir les attend... ceux-là que l'impunité couvre et protège contre la vindicte des hommes!

— Quel sera leur avenir, ma Sylvia?... Un avenir dont tu vas être épouvantée, car, par le présent, tu jugeras de cet avenir. Ah! je te l'ai dit souvent, mais tu ne me croyais pas alors et tu me croiras aujourd'hui... Il est en ce monde-ci des ÉLUS et des DAMNÉS... Les méchants, quels qu'ils soient et malgré l'apparence de leur impunité triomphante, subissent des châtiments terribles, infaillibles... et trouvent L'ENFER DANS LEUR AME... ils sont les DAMNÉS... DE CE MONDE-CI. Les bons, les justes, malgré leur apparente infortune, malgré les jugements iniques dont ils sont victimes, éprouvent des ravissements ineffables... des consolations si douces, si saintes, qu'ils oublient l'injustice des hommes, et trouvent le CIEL DANS LEUR AME... ils sont LES ÉLUS... DE CE MONDE-CI.

— Oui, telle a toujours été ta philosophie, ô mon Wolfrang ; hélas !... elle n'est que le rêve de ton grand cœur.

— Cette philosophie n'est autre que L'ÉTERNELLE VÉRITÉ.

— Quoi! cette affirmation en présence de cette dernière épreuve qui devait, disais-tu, me guérir... de mon erreur?

— Jamais ma philosophie... celle des honnêtes gens, jamais, en un mot, L'ÉTERNELLE VÉRITÉ n'a reçu de sanction plus complète.

— Que dis-tu !... sanctionnée par cette

épreuve? par les faits accomplis ici depuis trois jours?

— Oui, sanctionnée par les faits accomplis depuis deux jours. — Oui... et comme moi, tout à l'heure, tu diras : — *Châtiés et malheureux en ce monde-ci sont les méchants; — heureux et récompensés en ce monde-ci, sont les bons et les justes!*

— Et cette conviction, Wolfrang, qui me la donnera?

— Les secrets de l'oreiller.

— Encore ces paroles mystérieuses...

— Tu vas comprendre leur sens. — Voici bientôt minuit; viens, ma Sylvia, viens !

Wolfrang prend sur un meuble une lanterne sourde; il fait glisser dans sa rainure l'un des panneaux de la boiserie masquant l'entrée des conduits souterrains, et il disparaît, accompagné de la jeune femme.

XXXII

Wolfrang, accompagné de Sylvia et ayant avec elle gravi les degrés de l'étroite spirale de l'escalier conduisant au couloir secret qui régne derrière plusieurs pièces de l'entresol de la *maison du bon Dieu*, occupée par M. Lambert, approche son oreille de l'ouverture d'un cornet acoustique communiquant à l'alcôve de la chambre à coucher du libraire ; puis Wolfrang fait signe à sa compagne de prendre sa place et d'approcher à son tour son oreille du cornet. Elle entend très distinctement la voix de M. Lambert qui venait de se mettre au lit.

MONSIEUR LAMBERT. — Allons... je dormirai d'un bon sommeil cette nuit... je l'espère... je suis plus calme... Le sacrifice est consommé... c'est fini de cette existence... paisible, confiante, qui était la mienne... depuis trois ans... c'est fini ! (*Long silence, coupé de quelques sanglots étouffés*). — Mon Dieu !... j'étais si heureux de croire que je ne m'étais pas trompé dans mon espoir, fondé sur la reconnaissance de Francine... et je ne me trompais pas... non ! la malheureuse enfant était sincère alors dans son attachement... elle m'aimait autant qu'elle pouvait m'aimer, malgré mes quarante ans, malgré ma laideur, malgré mon caractère sérieux et froid. Elle a fait ce qu'elle a pu... pour accomplir de son mieux ses devoirs. Je ne me suis jamais aveuglé sur la disproportion de nos âges...sur la faiblesse du sens moral de Francine... sur le peu d'attraits que devait avoir pour elle la condition que je lui offrais... Et cependant jamais, dans ma conscience d'honnête homme, jamais je ne me suis reproché ni repenti de l'avoir épousée. Que serait-elle devenue sans moi ?... hélas ! ce qu'elle deviendrait demain... si je l'abandonnais... (*Silence.*) — Et pourtant, elle n'est pas pervertie... elle a dû lutter, selon la débilité de ses forces morales, contre son coupable entraînement. Elle le regrette... elle a conscience de ce que j'ai souffert... de ce que je souffrirai encore... elle m'a encore, ce soir, conjuré de la garder près de moi, si triste que doive être désormais sa vie. Et la mienne ?... la mienne, grand Dieu ! j'en frémis ! quelle sera-t-elle ? (*Nouveau silence.*) — Ah ! je ne me berce pas d'illusions ! la première amertume de son chagrin passée, les remords de sa faute s'affaibliront... s'effaceront... Francine conservera toujours le souvenir de mon pardon; mais à son âge... et avec son caractère... elle pourra céder de nouveau à une tentation mauvaise... je dois m'y attendre; et pour prévenir ce danger, redoubler de sollicitude, de surveillance envers elle. Pour moi, ce rôle de jaloux est ridicule et odieux ! Quelle vie, mon Dieu !... quelle vie ! (*Long silence.*) — Non ; ce rôle n'est, après tout, ni ridicule ni odieux. Ce n'est plus ma femme que je surveille... j'ai ma fierté; désormais, je suis veuf. Non, ce que je surveillerai, c'est une pauvre faible créature qu'il faut préserver du mal... et cela... c'est mon devoir! et cela, je l'ai juré en épousant Francine... Cet engagement, je l'ai pris avec maturité, avec réflexion... j'ai déjà commencé de le tenir... je le tiendrai jusqu'à la fin... (*Nouveau silence.*)

— Oui, la conscience de ce devoir accompli me soutiendra, me réconfortera au milieu des chagrins que je prévois, d'autant mieux qu'il m'a soutenu, réconforté depuis hier... Ah! combien de fois je me suis dit : « — Si, cédant à l'égoïsme de ma colère, de mon indignation, légitime cependant, je n'avais songé qu'à la vengeance, au lieu de sauver d'abord la réputation de cette malheureuse enfant ; si je l'avais publiquement chassée de chez moi, où serait-elle à cette heure?... que deviendrait-elle demain et après?... Ne pouvant même compter sur l'appui du misérable qui l'a perdue, hélas! je n'en peux douter, la connaissant ainsi que je la connais, elle eût tôt ou tard écouté les suggestions de la misère, de la faim... elle se serait vendue... et aurait bientôt descendu les degrés de la dernière abjection... Ce qui reste de bon, de délicat dans le cœur de cette enfant, ce qui peut un jour la réhabiliter, se fût corrompu, détruit... et mon impitoyable sévérité eût à jamais perdu cette âme... C'était affreux pour moi !... quels remords ! » (*Nouveau silence.*) Au lieu de cela, je me dis : « — J'ai sauvé la réputation de Francine ; elle ne subira les mépris de personne... et loin d'être à cette heure de la nuit abandonnée de tous, errante, maudissant mes rigueurs inexorables, livrée aux angoisses d'un avenir menaçant.,. elle repose sous mon toit, du moins, sans inquiétude du lendemain, pleurant sincèrement sa faute, se promettant de ne plus faiblir, et bénissant peut-être ma clémence... » Ah ! cette pensée me calme, elle adoucit mon chagrin ; je sens que je me suis conduit en homme de bien, en homme juste. O clémence ! clémence !... vertu des bons cœurs ! quel baume divin tu verses sur les blessures de l'âme !... Grâce à toi, elles deviennent de nobles cicatrices, parfois encore bien douloureuses... mais cette douleur même porte avec soi sa consolation, sa récompense, et vous rappelle votre généreux pardon envers qui vous a blessé... (*Nouveau silence. Puis M. Lam-*

bert, cédant peu à peu au sommeil, ajoute d'une voix qui s'affaiblit et s'éteint :) — Je me sens de plus en plus réconforté, apaisé ; ma conscience est tranquille, je n'ai rien à me reprocher : j'ai accompli mon devoir... Francine, pauvre enfant !...

Ces mots, empreints d'une tendre commisération, sont les derniers qui parviennent à l'oreille de Sylvia ; bientôt elle n'entend plus que la respiration lente et paisible de M. Lambert. Il s'endort profondément.

WOLFRANG, *à Sylvia.* — Tu l'as entendu, ma bien-aimée, tu l'as entendu, *ce Secret de l'oreiller*... cet épanchement de l'âme, naturel à l'homme, à cette heure de la nuit où, dans le silence et la solitude, il recueille sa pensée sur ses actes de la journée, en cherchant le sommeil consolateur, ou craignant l'insomnie vengeresse... Écoute à cette heure le secret que Francine Lambert confie à son tour à son oreiller.

Wolfrang indique à sa compagne un autre conduit aboutissant à l'alcôve de madame Lambert ; ces paroles de la jeune femme arrivent jusqu'à Sylvia :

« — André, lui à qui je dois tout, jusqu'au

pain que je mange !... il a sauvé ma réputation... il a pitié de moi... il me garde chez lui... et l'autre... ce sans-cœur... ce lâche, pour qui je me suis perdue, me voyait d'un œil sec... chassée par mon mari... réduite à mourir de faim ou à me vendre ! Pas un mot de pitié pour moi... Il avait peur que je lui restasse sur les bras, tant il est avare ! Et j'ai pu croire qu'il m'aimait ! et c'est à lui que j'ai sacrifié le repos, la confiance, l'honneur du meilleur des hommes !...(*Elle pleure à chaudes larmes.*) Que je suis malheureuse ! mon Dieu ! mon Dieu ! Et penser que rien, ni ma reconnaissance pour la bonté angélique d'André, rien ne pourra empêcher le passé d'avoir été, rien ne me rendra la confiance d'André, rien ne me fera oublier que la cause de mes chagrins est ce Luxeuil que je méprise, que je hais maintenant autant que je l'admirais ! Oh ! André, tu es bon comme Dieu, toi ! C'est à genoux, les mains jointes, que je dois prononcer ton nom béni ! Hélas ! où serais-je à cette heure, sans ta miséricorde ?... Grâce à toi, je n'ai pas à craindre la misère et les tentations dégradantes qu'elle inspire... Je le sais bien, André avait raison, à ces tentations je n'aurais pas résisté... je suis si faible, si lâche! j'aurais fait comme tant d'autres... Et il me sauve de cette infamie! Grâce à lui, rien ne me manquera ainsi que par le passé... Oh! la préoccupation de savoir comment vivre ne viendra pas me distraire de mes tourments, je pourrai les dévorer bien à loisir, comme en ce moment. (*Silence et pleurs.*) Ah! si j'en crois ce que j'éprouve à cette heure... j'aimerais mieux cent fois mourir que de commettre une autre faute... J'ai trop souffert... et André surtout a trop souffert, mon Dieu! Il m'était si facile de ne pas le rendre malheureux et de ne pas me rendre moi-même si malheureuse... Quelle vie! (*Pleurant.*) Toujours face à face avec ces dévorantes pensées! Impossible de fermer l'œil... j'ai la fièvre... Oh! je ne dormirai pas plus cette nuit-ci que l'autre... Quelle vie! quelle vie!... (*La voix de Francine se perd dans les sanglots.*)

WOLFRANG, *à Sylvia*. — Et maintenant, bien-aimée, montons au premier étage, où demeurent le banquier Borel et mademoiselle Cri-cri.

XXXIII

Wolfrang et sa compagne ont gravi les degrés de la spirale qui conduit au couloir secret du premier étage. La jeune femme approche son oreille du conduit acoustique répondant à la chambre à coucher du banquier, et entend d'abord le dialogue suivant.

MADAME BOREL. — Mais encore une fois, mon ami, que le malfaiteur trouve insupportable la présence de l'honnête homme, cela va de soi ; mais que l'honnête homme se sente gêné par la présence du malfaiteur?... voilà ce que je ne peux concevoir, et qui me paraîtrait impossible, si je ne savais ta délicatesse, ta probité, pour ainsi dire tellement irritables, que la seule présence d'un malhonnête homme les exaspère... En d'autres termes, il serait tout naturel que ce misérable Dubousquet voulût fuir cette maison... ta vue lui rappelant toujours son crime; mais que toi, tu veuilles absolument quitter ce logis auquel nous tenons pour tant de raisons, cela me paraît, permets-moi de te le dire, déraisonnable.

M. BOREL. — L'aversion que m'inspire ce misérable est invincible; la pensée de le rencontrer m'est odieuse. C'est une faiblesse, soit! mais il en est ainsi. Et puisque M. Wolfrang refuse de chasser de chez lui ce repris de justice, refus inconcevable de la part d'un homme qui semble aussi honorable que possible, c'est à moi de sortir de céans.

MADAME BOREL. — Quel chagrin pour ce pauvre Alexis et pour moi! J'espérais tant de l'heureuse influence que cette charmante madame Wolfrang aurait exercée sur lui ; elle eût été son ange gardien, et...

M. BOREL, *impatiemment*. — Ma chère amie, je te le répète, il m'est impossible de consentir à demeurer ici, tant que ce repris de justice y restera.

MADAME BOREL. — Ainsi, toi... toi le plus honnête homme qui existe au monde... tu fuirais devant un pareil scélérat ?... Non, non, mon ami... tu réfléchiras... la nuit porte conseil... tu te mettras au-dessus de ces susceptibilités vraiment inconcevables, pour qui connaît comme moi la droiture, la fermeté de ton caractère... Bonsoir, mon ami... à demain... nous reprendrons cet entretien.

M. BOREL. — Bonsoir, chère femme...

Un silence de quelques instants succède au départ de madame Borel, pendant que son mari s'occupe des préparatifs de son coucher.

M. BOREL, *se jetant sur son lit et d'une voix navrée*. — Ah ! que de millions je donnerais aujourd'hui pour n'avoir pas volé au frère de ce Dubousquet ces misérables cinquante mille francs, source première de mon immense fortune ! (*Long silence.*) Hélas !

telle est mon invocation de chaque soir, lorsque seul à seul avec moi-même, et encore sous l'impression de la tendresse et de la vénération que ma femme et mon fils viennent de me témoigner, le souvenir de ma mauvaise action vient empoisonner jusqu'aux marques de l'affection et de l'estime de ces deux êtres si chers à mon cœur !... Ah! Dieu seul sait ce que je souffre en les entendant chaque jour exalter à l'envi ma probité, ma délicatesse !... Chacune de leurs louanges est pour moi un coup de poignard !... et pourtant, sauf cet abus de confiance, à qui j'ai dû l'instrument de ma fortune, j'ai toujours été honnête homme... La probité la plus scrupuleuse est devenue à la fois mon expiation et mon luxe... Je prodigue aux malheureux l'or à pleines mains... j'encourage les arts.... je fais le meilleur usage possible de ma fortune... Mais elle a sa racine dans un acte infâme... et pour moi, pour moi seul, les fruits en sont amers et corrompus! (*Silence.*) Ah! si le sort m'eût été contraire, si malgré mon abus de confiance, j'étais resté pauvre, je n'éprouverais pas sans doute l'intensité du remords dont je suis poursuivi au milieu de ma richesse et de ma haute renommée d'honnête homme... Non! aigri, ulcéré par la pauvreté, je regretterais moins ma mauvaise action que la stérilité de cet acte coupable... Mais dans ma position, possédant tout ce qu'il est humainement possible de désirer, le souvenir de mon indignité devient le pli de la feuille de rose, intolérable au sybarite... Je serais mille fois plus riche encore, qu'au prix de millions et de millions, je ne pourrais effacer l'infamie dont ma vie est entachée... (*Silence.*)

— Ah! je suis un bien malheureux homme! Que deviendrais-je... si jamais ma femme et mon fils... découvraient que je suis coupable d'un de ces abus de confiance, dernièrement encore si énergiquement flétris par Alexis!... Cette continuelle appréhension est mon supplice... Quel mépris... ma femme et mon fils ressentiraient pour moi, ou, s'ils parvenaient à me le dissimuler... quelle douloureuse pitié!... quelles cruelles déceptions je lirais dans leur âme à toutes leurs feintes indulgences!... Mon Dieu! que de millions je donnerais aujourd'hui pour n'avoir pas volé ces cinquante mille francs!... Oh! oui, oui, je suis un bien malheureux homme! (*Nouveau silence*).

Non! il m'est impossible de me résigner à demeurer plus longtemps ici... la présence de ce Dubousquet... serait pour moi une torture insupportable... l'innocence de ce martyr du dévouement fraternel m'écrase... Malgré moi, j'admire cet homme et il m'épouvante... Hier... son regard timide me glaçait jusqu'à la moelle des os... et lorsque, de sa voix craintive et douce, il me disait: «— Vous savez bien pourtant que je suis un honnête homme! » — la sueur me coulait du front... je me sentais un scélérat endurci... Non, non, je quitterai cette maison... (*Silence.*)

Oh! châtiment!... M. Borel, le banquier millionnaire... de qui l'autre jour encore les journaux vantaient l'éclatante probité!... M. Borel obligé de fuir devant un forçat libéré!... Ah! je suis un bien malheureux homme!... (*Nouveau silence.*) Et pourtant... résister aux observations de ma femme... si vraies, si sensées; m'obstiner à quitter ce logis, n'est-ce point risquer de la mettre sur la voie de la vérité, ou d'éveiller ses soupçons?... En vain, je me retranche dans la prétendue répugnance invincible que me cause la vue de ce malfaiteur... ce prétexte est si puéril, si déraisonnable, que ma femme peut à peine y ajouter foi, tant il contraste avec la rectitude ordinaire de mon jugement. Aussi persévérer davantage serait pour moi périlleux. Et cependant, la présence de ce malheureux avive encore mes remords... Et si, pour se venger de moi, il allait parler?... Il ne serait pas cru... puisqu'il a déposé contre lui-même en justice... Mais enfin... ses révélations, si incroyables qu'elles paraîtraient à ma famille, rapprochées de mon désir opiniâtre de quitter cette maison... pourraient... Mon Dieu! que faire... que faire?... Je ne sais. Demain avant le jour... j'aviserai en me réveillant... Je dors si peu... tâchons cependant de trouver le sommeil... le repos... jamais je n'en ai eu tant besoin... (*Long silence.*)

La présence de ce Dubousquet m'inquiète, m'obsède, malgré moi... Je ne peux m'endormir... je suis agité... nerveux... *Nouveau silence coupé de soupirs étouffés; cependant M. Borel finit par s'endormir à demi, en murmurant encore :* Ah! que de millions je donnerais... aujourd'hui... pour n'avoir pas volé... ces...

M. Borel n'achève pas, sa voix expire, et Sylvia n'entend plus que les aspirations du sommeil péniblement oppressé auquel cède enfin le millionnaire.

WOLFRANG. — Et maintenant, Sylvia, écoutons les *secrets de l'oreiller* de cette indigne créature, de qui les vices, s'ils ne s'excusent pas, du moins s'expliquent par l'abandon et la misère où elle a vécu dès son enfance.

Mademoiselle Cri-cri, au moment de se coucher, dialogue ainsi avec sa femme de chambre :

CRI-CRI. — Et n'oublie pas de me réveiller dès qu'il fera jour.

LOUISE. — Oui, madame.

CRI-CRI. — Et dis à Catherine d'être de guet dès le matin à la fenêtre de l'antichambre qui donne sur l'escalier ?

LOUISE. — Oui, madame.

CRI-CRI. — Luxeuil essaiera sans doute de sortir demain, ce qu'il n'a pas osé faire aujourd'hui... excepté pour venir me faire une scène...

LOUISE. — Dieu de Dieu... quelle scène!... madame... quelle scène!... j'ai cru qu'il allait vous étrangler... à propos de ce coffret dont il parlait, et que vous n'avez pas voulu lui rendre... Les yeux lui sortaient de la tête, il était effrayant.

CRI-CRI, *riant*. — Et laid !... hein ! Quelle binette... pour un si bel homme !

LOUISE. — Le fait est qu'il n'était pas beau du tout en ce moment-là... Mais à votre place je lui rendrais son coffret... Cet homme-là est capable de quelque mauvais coup. Son nez devient blanc quand il rage... et c'est un signe qui...

CRI-CRI. — Lui rendre ce coffret ?... Ah! bien, oui, ma chère ; c'est une poule aux œufs d'or...

LOUISE. — Le coffret ?... Quoi donc qu'il y a dedans... madame ?

CRI-CRI. — Va te coucher, ma fille... et moi aussi... Vous savez ce que je vous ai promis, à toi, à Catherine et à l'ouvrière en journée, si vous m'avertissez dès qu'une femme montera chez lui, ou si vous ne le ratez pas... dès qu'il sortira... afin que je sois tout de suite sur ses talons...

LOUISE. — Soyez tranquille, madame; nous sommes trois fines mouches, et il sera bien malin s'il nous échappe...

CRI-CRI. — Tu as bien recommandé au cocher de remise d'être demain devant la porte, comme aujourd'hui ?

LOUISE. — Oui, madame.

CRI-CRI. — Va te coucher, ma fille.

LOUISE. — Bonsoir, madame.

CRI-CRI. — Bonsoir.

Un assez long silence succède à cet entretien.

CRI-CRI, *se mettant au lit*. — Oh ! oui, je te ferai la scie... va, Luxeuil... et une fière scie !... tu les paieras cher... et une à une... les lettres du coffret... Il y a là-dedans de quoi perdre une douzaine de femmes du monde... Les premiers billets de chaque correspondance sont signés... parce qu'ils ne sont pas compromettants, puis à mesure que ça chauffe l'on ne signe plus que par des initiales, et enfin quand tout est dit, l'on ne signe plus que le petit nom... mais l'écriture est la même, et comme preuve... ça suffit... J'ai envoyé acheter le *Dictionnaire des vingt-cinq mille Adresses*, et comme mon Don Juan de Luxeuil ne choisit ses amours que dans le grand monde, j'ai tout de suite trouvé les noms et les adresses des correspondantes

de mon pingre ! Ah ! je te tiens, oui !... tu as eu beau me menacer tantôt de porter plainte en justice pour me forcer de rendre le coffret, je t'ai ri au nez ; tu en serais pour tes frais... Sans parler du scandale du procès, car les lettres sont en lieu sûr... et je t'ai prévenu que si tu déposais une plainte, moi, je lançais à l'instant une circulaire aux époux de ces dames, afin de les prévenir que je tiens à leur disposition des billets doux de leurs chastes moitiés, moyennant quoi ils auront la preuve qu'ils partagent la position sociale... du héros d'un fameux roman de Paul de Kock !... Tu ne déposeras donc pas de plainte en justice... pingre de Luxeuil !... et ton coffret de lettres sera une poule aux œufs d'or... J'avais pour de bon un caprice pour toi ! Tu m'as méprisée... comme la boue de tes souliers... je te rendrai la vie aussi dure que la mienne... ça me délassera... car moi aussi j'ai une scie... oh ! oui... et atroce !...
(*Long silence.*)

Vieille canaille de Francheville !... je le tiens... mais lui aussi me tient !... et voilà ce qui m'enrage !... sans parler d'autre chose !... J'ai maintenant des bijoux... des beaux meubles... des domestiques... des rentes... mais ma liberté!... je dépends *de mon Anatole?* Vieux gredin !... j'ai son argent, mais il peut m'envoyer dans une maison de réclusion... Il ne fera pas ce coup-là, je le sais bien, car moi je le ferais imprimer tout vif dans le petit journal *le Pilori*... et il serait perdu... déshonoré... Mais enfin, je suis toujours dans la dépendance de mon Anatole... et à cause de cela, je l'ai en exécration... en horreur... Et je l'ai ruiné, je n'ai plus à attendre de lui un traître liard... et cependant il me faut subir ses volontés... (*Nouveau silence.*)

Eh bien... oui... c'est atroce... oui... cette dépendance-là et autre chose encore empoisonnera ma vie !... Et pourtant je suis rentière... rien ne me manque... Eh bien... foi de Cri-cri... je crois que je serai assez bête pour regretter le temps où j'étais modèle ou figurante aux Folies-Dramatiques, et où je dînais avec deux sous de galette du Gymnase... (*Silence.*)

Oh ! c'est sur toi que je me vengerai, pingre de Luxeuil !... ça me soulagera de te faire souffrir... d'être ta scie... ton cauchemar... ton tourment... ton supplice !... (*Silence prolongé.*)

C'est drôle... pourtant quand je traînais la savatte... et que je craignais tant d'aller crever à l'hospice et d'être disséquée par les carabins... car c'était là mon cauchemar... être disséquée !... C'est une petitesse... mais l'on est pas maître de ça... je me disais toujours : « — Ah ! si j'avais des rentes ! c'est » moi qui serais heureuse... et qui me mo» querais du tout et du reste !... » — Eh bien !... pourtant j'en reviens là... voilà qui est drôle... j'ai maintenant des rentes... et aujourd'hui mon vieux filou d'Anatole s'en irait *ad patres*... je serais débarrassée de lui et de ma peur d'être fourrée dans une maison de réclusion... que j'aurais une autre scie... et celle-là... le diable en personne... n'y pourrait rien... Quand même j'aurais cent, deux cent mille livres de rente... au contraire... tant plus j'aurais de rente... tant plus ma scie... me scierait... *je ne serai jamais qu'une lorette*... voilà la chose... (*Long silence.*)

En voilà une réflexion bouffonne ! en voilà une bête de conscience !... et pourtant, c'est vrai... et cette belle conscience-là m'est venue du jour où j'ai eu des rentes! Quand j'étais bohême et sans le sou, je me fichais pas mal d'être coureuse; je n'avais qu'une idée, qu'un rêve... être rentière! afin de ne pas aller crever à l'hospice... où j'avais tant peur d'être disséquée par les carabins... Eh bien! à cette heure je suis rentière... et il n'y a pas à dire non... je me sens bien, moi, et j'en enrage! Ma scie est... et sera toujours d'être lorette... et ce n'est pas à cause de la vertu que ça m'embête; merci! non... mais ça mord mon amour-propre... jusqu'au sang. Ainsi, l'autre jour, aux courses de Chantilly, quand je voyais ces femmes du monde dans la tribune réservée, je me disais : « Je suis aussi jolie et aussi bien mise qu'aucune de ces pécores... je rendrais leur amant ou leur mari infidèle, si je voulais m'en donner la peine... ça n'empêche pas... *qu'il m'est dé-fendu d'aller m'asseoir à côté d'elles*... oui, ça m'est défendu. » (*Nouveau silence.*) — Et penser que j'aurais cent, deux cent, trois cent mille livres de rentes... que je serais la Vénus de Médicis en chair et en os... que ça serait tout de même. Oui, le dernier laideron

venu, avec une robe de quatre sous... pourvu
qu'il soit, comme on dit, une femme honnête, peut aller là où il m'est défendu, où il
me sera toujours défendu d'aller, à moi, Cri-
cri... En voilà un ver rongeur !... oh ! oui,
rongeur ! Je pourrai bien m'étourdir, mais
c'est égal, quand je serai seule comme maintenant, sans pouvoir dormir, je me sentirai
rougir à vif, jusqu'à la moelle des os, par
cette maudite pensée : « Je serais rentière, je
serais riche à millions, qu'il y a des choses
qui me sont défendues parce que je suis lorette. » Et, misère de moi! la seule chose que
l'on désire avec fureur, avec désespoir, et
que l'on met avant toutes les autres, et qui
vous en dégoûte, c'est justement celle-là qui
vous est défendue... (*Silence.*) En fin de
compte, c'est très embêtant, et qui pis est,
c'est que je serai embêtée à perpétuité, foi de
Cri-cri... si je dois souvent ruminer la chose
comme cette nuit... Peut-être aurait-il mieux
valu pour moi être disséquée à seize ans...
par les carabins... En voilà une idée gaie,
pour m'endormir !... et pour sûr je vais rêver qu'on me dissèque... Merci !... c'est gentil !...

WOLFRANG. — Et maintenant, ma Sylvia, montons au second étage... et tu sauras quels secrets M. de Luxeuil et M. de Francheville confient à leur oreiller...

XXXIV

Wolfrang et Sylvia ont gravi les degrés qui conduisent au réduit secret pratiqué derrière les appartements de M. de Francheville et de Luxeuil.

Sylvia prête l'oreille, et elle entend le bruit des pas, tantôt lents, tantôt précipités, du jeune beau, arpentant de long en large sa chambre à coucher.

M. DE LUXEUIL. — Impossible de dormir...

voilà ma seconde nuit blanche... et elle ne sera pas sans doute la dernière! Quoi d'étonnant... agacé, vexé, tourmenté, bourrelé, comme je suis depuis avant-hier?... (*Éclat de rire sardonique.*) Ah! ah! ah! charmant, en vérité... charmant!... ça avait si bien commencé! J'ai joué le rôle d'un niais avec cette petite Lambert... Son mari, ce boutiquier, m'a traité devant elle comme un pleutre! Mordieu! le rouge me monte encore au front, en songeant aux insolences de ce vieux! drôle... Moi, si chatouilleux sur le point d'honneur, moi, qui me suis battu dix fois! être obligé de dévorer ces outrages!... Mais, que faire?... Il trouve sa femme chez moi... je n'avais rien à répliquer... et puis, il était dans le vrai. Est-ce que je voulais m'embâter de cette petite sotte, me charger de son avenir, ainsi qu'il me le demandait avec un incroyable aplomb?... Me charger de sa femme! il était encore bon là, M. Lambert! une dépense de trois à quatre mille francs par an... presque l'entretien de deux de mes chevaux... Réduire mon écurie de moitié! car pour rien au monde, non-seulement je n'outrepasserais mon revenu, mais je ne cesserais jamais d'en économiser un cinquième pour parer aux éventualités... Or, que Dieu me damne! si, de ma vie, j'ai songé parmi ces éventualités à me charger de l'avenir de cette petite Lambert... Pas si bête! C'eût été pour la première fois qu'une femme m'eût coûté quelque chose... Dieu merci, ma bourse est sauve... mais il n'en est pas moins vrai que j'ai joué dans cette aventure un rôle piteux, ridicule au dernier point... Et si cela s'ébruitait, je serais montré au doigt... Heureusement le libraire a autant que moi intérêt au secret... (*Silence.*) Mais tout ceci n'est rien auprès de ce dont je suis menacé par cette infernale coquine de Cri-cri... C'en est à ce point que je n'ai pas osé sortir aujourd'hui de chez moi, afin d'aller chez Héloïse et chez Marie, de peur d'être suivi par cette infâme drôlesse, et du scandale qui pouvait s'en suivre... car elle est capable de ne reculer devant aucune énormité... J'ai dû écrire pour remettre un rendez-vous que j'avais aujourd'hui chez moi!... car cette misérable ne craindrait pas d'insulter les femmes qui viendraient ici... Mort de ma vie! il n'a tenu à rien que j'aie tantôt écrasé cette vipère... lorsque sachant enfin, par les aveux de mon valet de chambre, qu'il l'avait avant-hier laissée seule dans l'antichambre, je n'ai plus douté qu'elle m'eût soustrait le coffret renfermant mes lettres... Et d'ailleurs, elle ne l'a pas nié, l'effontée coquine !... Elle me fera savoir, m'a-t-elle dit, à quel prix elle me vendra... elle a dit le mot... elle me vendra cette correspondance en gros ou en détail... (*Avec explosion.*) Mais c'est affreux ! mais cela ne peut se passer ainsi... mais mon existence ne peut pas être troublée, empoisonnée par cette ignoble créature ! mais je ne puis pas... je ne veux pas me laisser spolier, ruiner par cette voleuse... car c'est une voleuse... Ces lettres, elle me les a volées... Il y a des lois... j'ai fait mon droit... La soustraction de lettres est considérée comme abus de confiance : je déposerai ma plainte... et... (*Silence.*) Oui... et après?... Oh ! l'infâme... elle me l'a bien dit : « Les lettres sont en lieu sûr... » Et si je dépose ma plainte, elle écrit une circulaire aux maris... Mais c'est épouvantable... Je ne parle pas des cinq ou six duels forcés qui me tomberont sur les bras, ce qui, après tout, n'a en soi rien de divertissant... Les maris les plus philosophes sont obligés d'obéir au point d'honneur, lorsque le scandale devient public... et si j'ai le bonheur de n'être pas tué dans ces duels, je suis moralement ou matériellement embâté des femmes du monde, qui, par mon fait, auront perdu leur position... Quelques-unes, quoique mariées richement, telles qu'Héloïse, par exemple, sont presque sans fortune personnelle... et après un pareil éclat, je passerais pour un misérable si je les abandonnais... Tout cela est bel et bien, mais que le diable me brûle si je consens à me réduire pour elles à la besace... Pourquoi pas tout de suite ouvrir à mes frais une maison de refuge pour les femmes séparées de leurs maris... (*Éclat de rire sardonique.*) Ah!... ah!... c'est ravissant... voilà une fondation philanthropique à laquelle n'a pas songé M. de Saint-Prosper... (*Nouveau silence.*) Ce qu'il y a d'affreux dans ma position, c'est que plus j'y songe, plus je l'approfondis... plus elle me semble inextricable... car enfin, si cette infernale créature s'est mis dans la tête de m'épier, de me suivre, d'être sans cesse aux aguets, elle ou ses coquines de servantes, afin de voir qui vient chez moi, ma vie devient un enfer... je serai continuellement sur les épines... Cette obsession de la part de ce monstre... échappe, à bien dire, à la loi... Tous les commissaires de police du monde ne pourront me protéger à cet endroit! Si je la fais chasser d'ici, ou si je quitte moi-même ce logis, elle viendra dès le matin s'établir au dehors; et quand je lui échapperais trois fois sur une, je n'en vivrai pas moins dans des transes perpétuelles... Mais qu'est-ce encore auprès de l'usage qu'elle veut faire de cette maudite correspondance? Au diable les femmes qui ont la rage d'écrire, et les sots comme moi qui gardent les lettres... par vanité, au lieu de les brûler! mais enfin, il n'y a pas de tergiversations possibles à ce sujet : il faut que je subisse les conséquences de la divulgation de ces lettres... et ces conséquences, pour mille raisons, me font trembler... ou bien il faut que je me décide à racheter ces lettres à cette infâme Cri-cri. Me sachant riche, me croyant sans doute plus riche que je ne le suis... elle aura la scélératesse de mettre cette restitution au prix de cent, de deux cent, de trois cent mille francs!...

Pourquoi pas?... et à un prix peut-être encore plus élevé... qu'est-ce que ça lui fait, à elle?... Allons donc! me dépouiller volontairement du tiers, de la moitié de ma fortune... Jamais... par le ciel... jamais! Tant pis pour les femmes qui ont été mes maîtresses, si elles sont perdues!... c'est déjà bien assez pour moi d'avoir à me battre contre leurs maris! (*Long silence.*) Alors il ne me reste qu'un parti à prendre... quitter Paris, la France, au risque de laisser derrière moi éclater le scandale que provoquera l'infâme créature pour se venger... Misère de Dieu! (*On entend le bruit de la chute d'une table que M. de Luxeuil, dans l'emportement de sa fureur, a renversée d'un coup de pied.*) Voilà donc où j'en suis réduit... risquer ma vie dans cinq à six duels... avoir deux ou trois femmes à ma charge... n'inspirer aux autres qu'une crainte invincible d'être à leur tour victimes d'un pareil éclat... ou bien abandonner le tiers ou la moitié de ma fortune, peut-être même davantage à cette coquine, afin de racheter ces lettres... sinon m'expatrier... sans oser rester en France, à cause de l'effroyable scandale qui suivra mon départ... Voilà donc les trois alternatives où me réduit... qui? mademoiselle Cricri... Mille tonnerres! je ne deviendrai jamais un assassin, je le sais, mais je comprends maintenant qu'en certain moment de vertige, la fureur, la haine, le désespoir... puissent vous pousser au meurtre... (*Long silence, ensuite duquel on entend M. de Luxeuil se jeter avec accablement sur son lit.*) Je suis brisé... j'ai la fièvre : si cela dure... j'en deviendrai fou... (*Nouvel éclat de rire sardonique.*) Ah! ah! ah!... elle est belle, la vie d'un homme à bonnes fortunes!

WOLFRANG. — Fais deux pas, ma Sylvia bien-aimée... approche ton oreille de ce conduit... et écoute les secrets qu'à son tour le voisin de M. de Luxeuil confie à son oreiller.

M. DE FRANCHEVILLE, *d'une voix oppressée.* — Impossible de m'endormir... Impossible... Après tout... je préfère l'insomnie... au rêve de la nuit dernière... Assis sur la sellette... entre deux gendarmes... je me coupais la gorge avec un rasoir... en entendant ma condamnation à cinq ans de prison... pour forfaiture dans l'exercice de mes fonctions... C'est gai! Le cas échéant d'ailleurs... telle serait ma fin... Plutôt le suicide... que le déshonneur public, la prison et ensuite la misère!... (*Silence*).

Voilà donc à quelle extrémité je puis en être réduit d'un jour à l'autre... malgré la profondeur de mes combinaisons... malgré l'habileté de mes précautions... Il suffit d'une indiscrétion, même involontaire de mon complice Morin... il suffit d'un coup de tête... d'un bavardage de cette fille infâme... pour me perdre... pour me forcer au suicide... En être arrivé là... après trente ans d'une vie intègre! et en être arrivé là... pourquoi?... pour assouvir la passion forcenée... que m'inspirait... que m'inspire encore... cette créature que je méprise... que j'abhorre... et dont je ne peux me détacher!... Mon honneur perdu... mes sacrifices énormes... mon désir de ne pas être son jouet, et de lui imposer encore mes volontés, sont autant de liens qui m'enchaînent à elle... (*Nouveau silence*).

Ai-je des remords?..... je ne sais..... mais si j'en ai, ils se confondent tellement avec la terreur de voir mon indignité découverte... que je ne peux les démêler... Cette

terreur domine toute ma vie... toutes mes impressions... Ainsi lorsqu'avant hier soir, chez M. Wolfrang, l'on exaltait mon intégrité... je me disais : « — Pourtant ! si l'on savait que je suis un misérable ! » La même pensée me venait à l'esprit lorsqu'hier le secrétaire d'ambassade est venu de la part de son souverain m'apporter ces insignes de l'ordre de Charles III... hommage rendu au négociateur et au fonctionnaire incorruptible... Enfin elle m'obsédait encore, cette pensée, lorsque ce soir à la réception des Tuileries, le roi m'a dit confidemment avec une si haute bienveillance : « Monsieur de Franche-
» ville, l'opposition vous est en ce moment-ci
» si favorable, en vertu de votre noble con-
» duite, que je songe à vous confier un por-
» tefeuille... Certains projets de loi, que nous
» craignons de voir repousser par le côté gau-
» che de la chambre, auraient grand' chance
» d'être bien accueillis, présentés et sou-
» tenus par vous.... » Ces paroles du roi... ont-elles tout d'abord produit en moi... la joie que devait me causer cette fortune inespérée ?... Moi, devenir ministre ?... — Non... non ! ma première pensée a été encore : —

« Ah ! si l'on découvrait que je suis un misérable ! » (*Nouveau silence*).

— Oui... demain je serais ministre... demain je serais président du conseil... je gouvernerais mon pays... j'atteindrais enfin le faîte suprême du pouvoir... entouré de l'estime de tous... que plus éclatante serait mon élévation... plus profonde serait ma terreur de voir mon infamie révélée... parce que plus terrible encore serait ma chute... Chose étrange... et fatale ! depuis que je me suis déshonoré... jamais ma bonne renommée n'a été si solidement assise... jamais je n'ai reçu plus de preuves particulières ou publiques, de la considération de tous !... Cela devrait calmer mes craintes... m'étourdir... me les faire oublier !... loin de là !... elles redoublent parce que je me sais plus en vue... et partant plus envié... plus exposé à ces investigations jalouses et malveillantes dont est l'objet la vie publique et privée de l'homme en faveur... Mes amis politiques, eux-mêmes, à qui je porte ombrage, seraient les premiers enchantés de ma perte... Ah !... je connais le monde... et voilà pourquoi je tremble... Quelle existence... mon Dieu !... quelle existence !...

M. de Francheville, à ce moment, entend à l'étage supérieur, occupé par Dubousquet, le jappement de *Bonhomme,* suivi d'un fredon que le repris de justice chantonne sur l'air de *la Bonne Aventure*.

M. DE FRANCHEVILLE, *exaspéré*. — Encore les aboiements de ce chien ! encore ce chant ! c'est intolérable ! Ne dirait-on pas qu'il a la conscience tranquille... ce forçat libéré... qui chante ainsi chaque soir... tandis que moi... je vis dans l'angoisse de la honte !... plus affreuse peut-être encore que la mort elle-même ! Ce forçat libéré a du moins, lui, réglé son compte avec la justice... Il sait quel est son avenir... il se sait exposé au mépris de tous... mais au moins son sort est fixé ! C'est une certitude, et dans cette certitude l'on trouve la force d'accepter, de supporter sa condition quelle qu'elle soit... tandis que pour moi ! l'avenir n'est que doute... appréhension... Peut-être mon indignité sera-t-elle découverte demain ! peut-être dans un an... peut-être ne le sera-t-elle jamais ! Ce cas même échéant... mon supplice durera ma vie entière... car je tremblerai jusqu'à mon dernier jour... Ah ! ce forçat libéré est bien heureux, lui!... il a payé sa dette... il n'a plus à trembler... il chante ! (*Long silence, troublé par de nouveaux aboiements de Bonhomme et par le fredon de Dubousquet.*)

M. DE FRANCHEVILLE, *furieux*. — Encore ce chant... encore! est-ce une insulte à mes angoisses?... Si ces chants insolents ne cessent pas... je frappe au plafond... et peut-être cessera-t-il de troubler mon repos... ce misérable forçat... dont la tranquillité d'âme fait envie... Malédiction sur moi!... en être réduit à envier ce repris de justice!

WOLFRANG. — Viens, ma Sylvia, montons à l'autre étage... viens entendre le chant du forçat libéré.

XXXV

Wolfrang et Sylvia ont gagné le couloir secret qui se prolonge derrière les appartements d'Antonine Jourdan, de M. de Saint-Prosper et de M. Dubousquet. Sylvia prête l'oreille :

M. DUBOUSQUET, *chantant :*

« Je suis honnête homme
» Moi !
» Je suis honnête homme !
» Tu tu, relututu... tu tu, relututu.
» Je suis honnête homme
» Moi !
» N'est-ce pas, mon Bonhomme ?»

(*Jappement du barbet*). Oui, mon pauvre chien... tu le sais bien, toi... qu'il est honnête homme, ce maître... pas vrai? (*Nouveau jappement du barbet.*) Bien... bien... pas si haut!... le voisin d'au-dessous s'en plaint!... et **M.** Wolfrang et sa dame sont si bons pour nous, vois-tu?... qu'il ne faut pas les exposer à recevoir des plaintes à notre sujet! oh! oui... ils sont bons!... mais bons... comme le bon pain!... Est-ce qu'ils n'ont pas recueilli chez eux ma malheureuse nièce... Toinette!... que son scélérat de maître a renvoyée... après... avoir... Ah! mon pauvre Bonhomme, tu ne peux, grâce à Dieu... te figurer ces horreurs-là... honnête chien que tu es!... Enfin, j'avais proposé à ma nièce de la prendre ici, avec nous... elle n'eût manqué de rien... elle se serait occupée du ménage... elle a refusé. (*Avec un soupir.*) Mon Dieu! oui... mon pauvre Bonhomme... elle a refusé... Sais-tu pourquoi? (*Jappement du barbet.*) Eh bien !... je vas te le dire... Sa mère n'aurait jamais voulu la revoir, cette pauvre enfant! si elle eût consenti à demeurer avec moi... qui ai causé la honte et le malheur de notre famille... Oh! dame, mon pauvre Bonhomme... je ne te le cache pas... le refus de Toinette, et surtout la cause de ce refus... m'ont fait du chagrin, bien du chagrin ! Et puis, vois-tu, je me suis dit : « —Cette enfant n'est point fautive... non plus que sa mère... elles me croient un malfaiteur... elles croient que la honte de mon déshonneur a abrégé les jours de mon pauvre cher frère... il est tout simple qu'elles m'aient en aversion... » N'est-ce pas, mon Bonhomme? (*Jappement du barbet.*)

Parbleu ! alors comme toujours, et une fois de plus, je me suis consolé... en pensant que c'était à tort, bien à tort, que ma nièce... m'avait, comme tant d'autres, en mépris et aversion... et que, si elle et sa mère pouvaient savoir le fin mot des choses... elles m'aimeraient autant qu'elles me détestent... mais dame... oui, mon Bonhomme... l'on n'aurait plus pour ton maître que de bonnes paroles... « — Cher beau-frère !...» me dirait ma belle-sœur!... « — Bon oncle ! » me diraient les enfants... Ah ! ce serait bien doux... pour moi... Mais que veux-tu ? à ces douceurs-là je ne peux songer ; il me faudrait déshonorer la mémoire de mon frère aux yeux de sa femme et de ses enfants... jamais je n'aurai ce courage, et je l'aurais... que ma belle-sœur ne me croirait pas ; elle me dirait : — « Vous êtes un menteur !... » vous calomniez un mort !... « — Ce qui me peinait le plus, vois-tu, mon Bonhomme... c'est que les préventions de ma belle-sœur l'empêchaient, malgré sa misère... de recevoir rien de moi... malgré mes tentatives... Mais bénit soit le Dieu des bonnes gens !... M. Wolfrang... m'a promis de s'intéresser à ma belle-sœur et à sa famille... et d'assurer leur sort... Il ne s'est pas expliqué davantage... mais de la part d'un homme comme lui... une pareille promesse...doit me tranquilliser sur l'avenir de ces infortunés... N'est-ce pas, mon Bonhomme ?... (*Jappement du barbet.*)

Parbleu !... je suis donc, grâce à M. Wolfrang, délivré de mon plus méchant souci... mon inquiétude au sujet de la famille de mon pauvre frère. C'était cela surtout qui me chagrinait... dame ! Quant au reste... tout n'était pas roses dans ma vie. Oh ! non, je craignais toujours que l'on sût que j'avais été au bagne... et pourtant j'y étais allé pour le bon motif... mais je n'ai jamais pu vaincre cette crainte-là... au vis-à-vis des étrangers...

Sauf cela... lorsque je me trouve seul chez moi... avec toi, ma pauvre bête... — et après tout, c'est là mon existence habituelle, — oh! alors... le roi n'est pas mon maître!... je me goberge... je suis comme le poisson dans l'eau, je redresse la tête, je me carre devant la glace, je me regarde en face, je me trouve une bonne figure... et je me dis... ma foi! pourquoi donc pas?... je me dis : « — J'en vaux bien un autre, moi!... « N'est-ce pas, mon Bonhomme?... (*Jappement du barbet.*) Parbleu !... on l'aime donc bien, ce maître... hein?... (*Nouveau jappement.*) Bon chien, va!... il n'y a pas meilleure bête au monde... non, pas meilleure... Ah! j'avais bien raison de dire à M. Wolfrang... avec une bonne conscience, et un bon chien pour ami... on supporte bien des choses... on a de bien bons moments... Et, ma foi !... en ce moment-ci... je suis sûr que M. Borel... malgré tous ses millions, malgré l'estime dont il jouit, malgré l'impunité de sa vilaine action, cause des malheurs de notre famille... oui, j'en suis sûr... M. Borel n'est pas aussi heureux que moi... et comme moi ne chanterait pas... lui :

« Je suis honnête homme,
» Moi !
» Je suis honnête homme !
» Tu tu, relututu... tu tu, relututu.
» Je suis honnête homme,
» Moi !
» N'est ce pas, mon Bonhomme ?»

Le barbet, mis en belle humeur par l'animation croissante du chant de son maître, s'est laissé entraîner à accompagner de ses jappements réitérés le fredon, en manière de basse continue. Soudain plusieurs coups, frappés fortement au-dessous du plancher, interrompent le duo...

M. DUBOUSQUET, *à voix basse à son chien.* — Taisons-nous... taisons-nous... mon Bonhomme ! c'est le voisin du second, M. de Francheville, qui frappe à son plafond... pour nous ordonner le silence... Il a raison... nous sommes dans notre tort... taisons-nous, et dormons... il est tard... Ah ! comme on est bien dans un bon lit !... c'est joliment meilleur que le lit de camp de la chiourme !... Couche-toi là... mon Bonhomme... là, sur mes pieds... c'est ça... prends tes aises... allons, étends-toi donc, tu as toujours peur de me gêner... pauvre bête!... et maintenant, dormons... Oh! ça ne sera pas long... une fois la tête sur l'oreiller... le sommeil... me gagne.

La voix du forçat libéré s'est affaiblie peu à peu, il murmure encore son refrain :

« Je suis... honnête... homme... »

Puis, le sommeil le gagne complètement, et Sylvia n'entend plus que le bruit de la paisible respiration du repris de justice.

WOLFRANG, *faisant faire quelques pas à sa compagne dans le couloir secret.* — Mainnant, ma Sylvia, écoute le prétendu saint Vincent de Paule.

M. DE SAINT-PROSPER. — En trois jours!... quinze cent soixante souscripteurs pour mon œuvre !... C'est magnifique ! cela devient une affaire excellente!... Et moi qui comptais récolter au plus une quinzaine de mille francs... puis filer !... Pas si bête maintenant!... l'affaire se présente si bien que, si elle continue de marcher ainsi... — et pourquoi ne marcherait-elle pas ainsi?... — je peux... en la conduisant sérieusement, joindre l'utile à l'agréable, empocher bon an mal an, vingt ou vingt-cinq mille francs en ma qualité de directeur, et continuer mon rôle de philanthrope qui me chatouille délicieusement; car enfin, c'est à n'y pas croire, mon nom est répété, glorifié en France, en Europe, en Amérique, par tous les journaux!... Je reçois de tout le monde des marques de considération... cela me flatte et me séduit énormément... C'est bizarre... mais c'est ainsi... effet de contraste... probablement... car enfin... qu'étais-je avant l'invention de cette œuvre?... Un faiseur assez véreux... ayant souvent frisé le code pénal... vivant d'expédients... tantôt ne sachant comment dîner... tantôt carottant quelques centaines de francs et faisant chère lie... En somme, j'étais un drôle fort peu considéré... plus habitué aux rebuffades qu'aux prévenances. Or, quel changement subit dans ma condition!... Les hommes les plus haut placés... les plus grandes dames n'ont pour moi que de courtoises et flatteuses paroles. Il fallait entendre avant-hier, chez M. Wolfrang, le concert d'éloges et de bénédictions dont j'ai été salué!... Duc et duchesse, banquier milliounaire, haut fonctionnaire de l'État, et jusqu'à ma voisine Antonine Jourdan, sans parler du maître et de la maîtresse de la maison, tous à l'envi me comblaient de preuves d'estime et de sympathie, moi, Tohmas Blondeau, dit Saint-Prosper... moi, de qui le plus honnête et le dernier métier,—le diable sait combien j'en ai fait, de métiers!— a été celui de racoleur et placeur de nourrices... métier qui, d'ailleurs, m'a donné plus tard l'idée première de mon œuvre... (*Silence.*)

Ah! pourquoi l'idée de cette œuvre... qui devait me sortir de ma détresse, me donner une position, ne m'est-elle pas venue avant de prendre Toinette pour servante, et suravant qu'elle eût mis au monde ce malheureux enfant, qui ne devait que voir le jour, sans laisser, Dieu merci! autre trace de son existence qu'une poignée de cendres, depuis longtemps jetée au vent de la rue... (*Silence.*)

Eh bien! oui... ce fut un crime, un grand crime!... mais alors je gagnais à peine, dans mon métier de racoleur de nourrices, de quoi vivre, moi et Toinette, que j'avais dû prendre pour servante de mon bureau de placement... Conserver cet enfant, c'était m'imposer une lourde charge pour l'avenir, et surtout cela créait une sorte de lien entre ma servante et moi. Je n'avais jamais pu la décider, durant sa grossesse à aller accoucher à l'hospice... J'ai cédé à un moment de fatal égarement, et à l'insu de cette malheureuse, presque à demi-morte, après la naissance de cet enfant, c'était fini de lui, il disparaissait dans un brâsier... Toute preuve de l'infanticide était à jamais et est à jamais anéantie, et lors même que, par impossible, Toinette, pour se venger de mon abandon, m'accuserait de ce crime... je le nierais... et je défie qui que ce soit de prouver ma culpabilité. (*Silence.*)

J'ai commis cet infanticide... et cependant je ne suis point un scélérat endurci... moi! J'ai des regrets... des remords... je n'aurais pas fait... ce que j'ai fait, si à cette époque je m'étais trouvé dans l'heureuse position où je suis aujourd'hui; mais la détresse, les craintes de l'avenir m'avaient jeté dans une sorte de vertige... C'est peu de jours après que, voyant passer un troupeau de chèvres, l'idée de mon œuvre m'est venue ; je ne l'ai d'abord regardée que comme une spéculation sur la charité des simples ; et dans les premières préoccupations des moyens à trouver pour assurer la réussite de mon projet, je ne songeais pas à ce qu'il y avait d'étrange... de fatal... d'autres diraient de terriblement providentiel dans ce rapprochement : que moi... qui avais tué... mon enfant... je fonderais une œuvre destinée à protéger la vie des enfants !... (*Silence.*)

Non... la pensée de ce rapprochement ne m'est pas tout de suite venue... C'est bizarre... incompréhensible... mais cela est... cette idée me frappa plus tard... lorsque pour la première fois mon projet fut en voie d'exécution... je fus d'abord comme étourdi de ce rapprochement... puis je tentai de me donner le change à moi-même, me disant :

« Hé bien !... après ? c'est une manière » d'expiation. Si j'ai tué mon enfant... j'en » arracherai des milliers à la mort... » — Ma conscience a fait bientôt justice de ce mensonge, de ce sophisme... J'avais songé à une spéculation... tranchons le mot, à une filouterie... qui me tirât de ma détresse !... voilà tout... Aussi, peu à peu et à mesure que ma fondation prit de la consistance, il m'a été impossible de me soustraire au souvenir de mon crime ; car dix fois, cent fois, mille fois par jour, j'écrivais, je prononçais, ou j'entendais prononcer le mot : ENFANT !... Enfin ma fondation tout entière n'avait d'autre but que de prévenir la *mort des enfants...* (*Long silence.*)

Il est incroyable combien j'ai souffert... combien je souffre secrètement de la fatalité de ce rapprochement... j'espérais que l'habitude émousserait ce qu'il y avait de poignant, d'acéré... dans cette pensée... Il n'en est rien... Au contraire... plus ma condition s'améliore... plus on me témoigne d'estime, d'admiration pour mon œuvre... plus les ressentiments de mon crime me sont insupportables. J'en éprouve sincèrement le remords... Mais ne l'éprouverais-je pas... serais-je un scélérat endurci... ces mots... *enfants* ou *mort des enfants*, constamment répétés à mes oreilles... me rappelant incessamment un acte dont je n'aurais pas même de regret... seraient encore un supplice de chaque instant... car si insensible que l'on soit au mal que l'on a fait... l'on n'en recherche pas du moins le souvenir. (*Nouveau silence.*)

C'est encore ainsi que la présence de Toinette... toujours pleurant, maladive et égarée... par suite de la mort de son enfant, m'était horriblement pénible. La découverte de sa parenté avec ce repris de justice a comblé la mesure. Toinette éprouve par instants de véritables insanités d'esprit... et bien que je l'aie effrayée en la persuadant que si l'infanticide était découvert, elle irait seule en cour d'assises... aucune preuve n'existant contre moi... elle peut cependant révéler ce secret à Dubousquet, son parent, causer ainsi un scandale, dont je n'ai, certes, rien à craindre légalement, mais qui me porterait dans les circonstances actuelles un coup irréparable... J'ai donc dit à Toinette que sa parenté avec un repris de justice ne me permettait pas de la garder à mon service, que je paierais les frais de son retour à Lyon et que je lui donnerais cinq cents francs de gratification... « — Je ne vends pas le sang de mon enfant, » — s'est écriée cette malheureuse fille, « — payez-moi ce que vous me devez de
» gages, et vous ne me reverrez jamais... vous
» qui avez fait ma honte et mon malheur... »

— Rien n'a pu la décider à accepter ce que je lui offrais... elle est partie hier matin... où est-elle allée? que va-t-elle faire ?... Je l'ignore, mais je suis inquiet... très inquiet à ce sujet. (*Silence.*)

— Après tout... en y réfléchissant... je n'ai rien à craindre de ce côté-là... lors même que Toinette m'accuserait... et ce serait s'accuser elle seule, puisqu'aucune preuve matérielle n'existe contre moi... je répondrais qu'ainsi que cela s'est vu cent fois en pareille occasion... ma servante a pu commettre, a commis une faute, ce que j'ignorais... mais que la complicité qu'elle me prête, n'a d'autre but que de se venger de ce que je l'ai renvoyée de chez moi... ou de me faire financer, de peur du scandale... menaces qu'elle m'a adressées lorsque je lui ai signifié qu'elle ne resterait pas à mon service... Un mensonge de plus ou de moins ne doit pas me coûter en pareil cas... et cette affirmation de ma part mettrait à néant l'accusation de ma servante. Donc, rassurons-nous... (*Silence prolongé, auquel succède un profond soupir.*) Mais, hélas !... hélas !... comment échapper à cette torture de chaque jour... de chaque heure...

de prononcer... ou d'entendre incessamment prononcer ces mots vengeurs de mon infanticide... *Enfant !... mort d'enfant !...* Ces mots... si je ne les prononce pas... il me semble les voir écrits en traits sanglants au milieu de l'obscurité où je cherche en vain le sommeil !

WOLFRANG, *faisant faire de nouveau quelques pas à sa compagne dans le couloir secret.* — Écoute, ma Sylvia, écoute...

ANTONINE JOURDAN, *agenouillée devant le portrait de sa mère.* — J'ai accompli un grand devoir... Ta mémoire sacrée pour moi, ô ma mère ! est restée sans tache... J'ai été fidèle à mon serment... serment exigé de toi, et juré par moi à ton lit de mort !... J'ai, selon tes vœux, gardé ton secret... même envers Albert ! Tu l'as voulu... je te l'ai promis... je l'ai fait... A ton honneur... à mon serment, j'ai sacrifié mon honneur aux yeux de mon fiancé... il m'a cru coupable... il devait me croire coupable... il s'est donné la mort... Ce malheur est attribué, dans cette maison, à mon inconduite... Albert découvrant, dit-on, ma honteuse liaison avec le colonel Germain, n'a pu résister à son désespoir... et s'est suicidé... Ma réputation est perdue aux yeux d'un grand nombre... mon avenir est brisé... j'ai pris le deuil d'Albert... ce deuil, je le porterai toujours... parce que toujours durera le veuvage de mon cœur... J'ai suivi, accompagnée de mon père, le cercueil jusqu'à la fosse ; là, s'élèvera une tombe environnée de fleurs et d'arbustes, soigneusement entretenus par moi... Cette petite dot... fruit de mes épargnes... je l'ai consacrée à la dernière demeure d'Albert... Là, j'irai souvent rêver à mon bonheur passé... à mon bonheur évanoui... J'ai foi dans l'éternité de mon veuvage et de mes regrets, parce que, maintenant, ces regrets n'ont rien de violent, rien d'exagéré... Non, ce n'est pas une de ces douleurs si vives, qu'en raison de leur vivacité même, elles ne sauraient durer longtemps... c'est une douleur calme, réfléchie... elle sera dans dix ans, dans vingt ans, si je vis... ce qu'elle est aujourd'hui... De cela, je suis assurée,.. autant que je le suis de ne jamais commettre une action mauvaise... Mon affection pour Albert date de mon enfance... cet amour est à jamais enraciné dans mon cœur ; ces racines, rien ne pourra les en arracher ; leur tige a été coupée en sa fleur... mais elles restent, mais elles vivent... Oui... oh! oui... je les sens vivre... (*Silence et pleurs étouffés.*)

Telle sera donc, ô ma mère! désormais, mon existence. Ma réputation compromise... un deuil éternel... comme mes regrets!... et pour unique distraction à mes travaux de chaque jour aller souvent près d'une tombe... pleurer mon bonheur perdu... Cette existence, je l'accepte avec résignation... Tu lis dans mon âme... ô mère toujours chérie!... vois... si je t'accuse de mon malheur! si je me reproche d'avoir fait mon devoir jusqu'à la fin!... Non, non! le sentiment de ce devoir m'a donné le courage de l'accomplir, ce grand sacrifice!... et maintenant, la conscience du devoir accompli est mon soutien, ma consolation, ma force!... Cette pensée... d'avoir tenu mon serment, d'avoir religieusement respecté ta mémoire, de t'avoir sacrifié... ô mère!... tout ce qu'il m'était possible de te sacrifier en ce monde! Cette pensée ne rend pas mes chagrins moins cruels... mais elle me les rend presque chers... je suis fière, je suis heureuse... de souffrir pour toi... Il

est dans ma douleur une sorte de sérénité...
Mes larmes couleront toujours... mais sans
âcreté... et lorsque auprès de cette tombe...
où ont été ensevelies les espérances de mon
amour, les rêves de ma jeunesse, je cèderai
peut-être à de stériles défaillances... ma conscience me dira : «Le passé ne peut renaître...
ton deuil durera toujours... Courage... courage!... tu as fait ce que tu as dû... jouis
donc du moins des fruits de ton renoncement;
fruits amers, mais salubres, fortifiants. Ton
âme, âme abattue, se relèvera ferme, tranquille et apaisée... Si tu comptes les maux
que t'a coûtés l'accomplissement de ton devoir... ce sera pour mesurer avec une austère satisfaction de toi-même, la grandeur de
dévouement filial... » (*Silence.*)

... O ma mère!... je ne dois plus... je le
sais, éprouver en ce monde ni joie, ni bonheur, mais il me restera du moins la paix de
l'âme, la certitude d'avoir fait ce que j'ai dû;
et mon culte, ma tendresse pour toi, refuge
aujourd'hui aussi doux, aussi tutélaire pour
moi... que l'était en mon enfance le sein maternel!...

XXXVI

Wolfrang et Sylvia, un quart d'heure après avoir quitté les couloirs secrets de la *maison du bon Dieu* se trouvent dans de pareils réduits ménagés derrière les appartements du rez-de-chaussée de l'hôtel occupé par le duc par la duchesse della Sorga.

WOLFRANG, *à sa compagne*. — L'épreuve touche à sa fin, ma Sylvia bien-aimée. Écoute la voix de cette damnée en ce monde.

LA DUCHESSE DELLA SORGA. — Malheur à moi ! malheur à moi ! j'ai pour toujours perdu le respect et l'attachement d'Ottavio ; il ne sera plus pour moi le fils dont, malgré le désordre de mes mœurs, la tendre vénération était si chère et si douce à mon cœur. Mon fils sera désormais pour moi un juge inexorable, devant qui je serai toujours forcée de baisser les yeux. En vain j'aurai imposé, j'imposerai à tous, à force de ruse et d'hypocrisie, l'estime et la déférence; que m'importe, hélas ! Ottavio possède maintenant les honteux secrets de ma vie. Il l'a jugée tout entière d'après le fait qu'il a surpris ; et sans cesse, sans cesse ! je serai poursuivie par cette pensée: « Je suis un objet d'invincible répulsion pour mon fils; les semblants d'affection qu'il me témoignera, non par pitié, mais afin de ne pas troubler le repos de son père, en lui révélant son déshonneur, seront à mes yeux autant de sanglants sarcasmes ; ils me rappelleront ce temps à jamais perdu où je me reposais de ma dissimulation, de ma perversité, en m'abandonnant à mon amour pour mon fils, le seul sentiment chaste et vrai que, de ma vie, j'aie éprouvé peut-être ! C'était comme une source fraîche et limpide, où je purifiais mes lèvres brûlantes, souillées par des baisers adultères. L'innocence de cette âme adorable me reposait de mes débordements ; j'éprouvais alors un calme délicieux : c'était le côté irréprochable de mon existence, car je chérissais aussi passionnément mes enfants que j'étais passionnément chérie par eux, par Ottavio surtout, car le caractère de Felippe, devenu morose, jaloux et atrabilaire, repoussait souvent l'expression de ma tendresse pour lui-même. Je l'aimais à l'égal de son frère. Pauvre Felippe ! les médecins ont déclaré ce matin au duc, m'a-t-il dit, que seul l'air natal pouvait rendre notre fils à la santé, et qu'il nous fallait, sans délai, l'envoyer en Sicile. Son départ me navre, car je resterai seule avec Ottavio, dont la présence me glace d'effroi. (*Long silence.*)

— Ah ! mes jours ne seront plus, je le crains, qu'une longue torture. Je n'avais jamais connu le remords, l'impunité me bronzait, je marchais dans le vice d'un pas ferme, le front victorieux, le regard superbe. Et voilà que moi, qui n'ai rougi devant personne, je rougis devant mon enfant ! et voilà que, pour la première fois, je regrette mes égarements, parce qu'ils m'ont à jamais aliéné mon fils ! Et l'âge vient, menaçant, implacable; et bientôt elle sonnera, l'heure de la vieillesse, mortelle à l'amour. Cette heure si souvent redoutée par moi, je la voyais pourtant parfois s'approcher sans trop de regrets. Toujours honorée, je me serais impunément livrée, grâce à mon masque, à l'entraînement de mes passions; et forcée d'y renoncer ou de les refréner, je me consolais d'avance en m'abandonnant tout entière aux ineffables jouissances de l'amour maternel. Déception ! déception ! Bientôt ma vieillesse se traînera, bourrelée, en proie aux ardents regrets du passé, si la chaleur de mon cœur survit aux années. Sans consolation dans le présent, épouvantée de l'avenir, mes cheveux blanchiront sous les mépris de mon fils. (*Nouveau silence.*) Et ce n'est pas tout : la haine, la jalousie déchireront mon cœur; oui, malgré ses dédains, ses outrages, ce Wolfrang, je l'aime autant que je l'abhorre. Cette passion insensée me bouleverse, me brûle, me tue. Je souffre, oh ! je souffre à en pleurer ! (*Sanglot suivi d'un nouveau silence.*) En vain je me suis humiliée, avilie jusqu'à un aveu! A cet aveu, cet homme a répondu par le dédain et le sarcasme! Il se rit de la vieille femme éhontée : il aura confié ma dégradation à cette Sylvia, elle si jeune, si belle, si adorée! Oh! je la poignarderais avec délices! Quelle volupté sanglante, de suivre les progrès de son agonie, de boire ses larmes, et, penchée sur elle, d'aspirer son dernier souffle! Mais, non! je suis trop lâche! elle vivra, toujours adorée de ce Wolfrang ; et moi! moi!.. (*Cri déchirant.*) Ah! que je souffre! Vingt coups de couteau dans le cœur ne me feraient pas plus de mal! (*Nouveau cri.*) Oh! la! oh! la! Mais ce n'est plus du désespoir, mais ce n'est plus de la rage! Oh! la! mon Dieu! c'est une douleur aiguë, horrible! Oh! la! mon Dieu! pitié! pitié! Que je souffre!

Sylvia et Wolfrang n'entendent plus que des gémissements entrecoupés de sanglots convulsifs, arrachés à la duchesse della Sorga. Elle halète, elle se tord sur son lit. Sa souffrance morale, atteignant son paroxysme, s'est changée en une sorte de lancination physique d'une acuité intolérable ; sa douleur lui arrache des gémissements étouffés.

SYLVIA, *effrayée*. — Oh! viens! viens, Wolfrang! j'en ai trop entendu ! Ce monstre m'épouvante! Quel châtiment, Dieu juste! Ah! tu dis vrai, elle est damnée en ce monde; l'enfer est dans son cœur!

WOLFRANG. — Ecoute encore, ma Sylvia... (*Il conduit la jeune femme à l'extrémité du couloir secret derrière la chambre à coucher du duc della Sorga.*) Écoute encore le père fratricide, puis le fils fratricide, l'épreuve sera complète.

LE DUC DELLA SORGA. — Non, plus de crainte! plus de crainte! j'ai déjoué d'avance l'accusation que Felippe, dans son infernale méchanceté, pouvait porter contre moi. J'ai lu à mes compagnons d'exil la lettre du secrétaire du roi, et le billet écrit par mon frère Pompeo une heure avant son supplice. Non-seulement je suis ainsi pour jamais à l'abri de tout soupçon, mais cette révélation explique une trahison demeurée jusqu'ici mystérieuse. Mes compatriotes s'efforçaient toujours, mais en vain, de la pénétrer ; leur constante préoccupation à ce sujet pouvait d'un moment à l'autre devenir pour moi périlleuse; ce péril est désormais écarté, tout est maintenant expliqué. L'aveu fait par moi de la félonie de mon frère m'a valu, de la part de mes compagnons d'exil, de nouvelles assurances de sympathie, de respect et de dévouement. Ils sont remplis de compassion pour moi, ils ont frémi à la pensée de ce que j'avais dû souffrir, ainsi trahi dans mon affection fraternelle. Ils ont admiré mon courage, ma résignation, mon respect pour la mémoire d'un frère indigne dont j'ai généreusement caché le forfait jusqu'au jour où j'ai craint d'être accusé de ce forfait. Donc, plus de craintes, plus d'angoisses; je défie maintenant la haine, la vengeance de Felippe. (*Silence.*) C'est bien : je suis assuré de l'impunité, personne ne doute de mon patriotisme, de ma loyauté; l'on honore en moi le courageux proscrit; je suis duc della Sorga, j'ai hérité les grands biens de ma maison. D'où vient donc que, depuis trois jours surtout, je me demande souvent si la mort ne serait pas préférable à la vie que je traîne? Et pourtant je suis un homme ferme, sans scrupules; je ne me suis pas repenti d'avoir livré mon frère; je me suis dit et je me suis convaincu, ou peu s'en faut, « que

» le salut de mon roi et de mon pays devait
» primer les sentiments de la nature et les
» règles de l'honneur vulgaire. »

Pompeo, par sa grande fortune, par son nom, par sa clientèle, était l'un des plus dangereux ennemis de mon maître et de la paix publique; je l'ai poussé à une conspiration que j'ai livrée : j'ai fait ainsi décimer le parti révolutionnaire en Sicile, et mis pour longtemps le roi et son trône à l'abri de nouveaux périls; j'ai fait acte de bon royaliste. J'ai hérité le titre et les biens de mon frère, c'était dans l'ordre des choses; enfin, je sers mon maître dans l'exil, en neutralisant ou dévoilant, au besoin, les membres du parti dont je suis resté le chef. C'est bien. Ces raisons, après tout, sont soutenables; elles ont suffi d'abord à calmer ma conscience ; d'ailleurs j'étais et je me sentais à la hauteur de mes devoirs de père de famille. Je n'ai qu'à me louer de ma femme, elle n'a eu qu'à se louer de moi. Je n'ai aucun vice, je ne suis ni libertin, ni joueur, ni prodigue ; j'aime surtout la vie de famille. J'idolâtrais mes deux enfants, préférant, si possible, le disgracié, le difforme, parce qu'il méritait compassion. Voilà qui était encore louable ; et cependant mon amour paternel a été la source de mes cruels chagrins. Je me demandais avec une poignante amertume la cause des discords de mes deux enfants, jadis si tendrement unis et également aimés de leur mère et de moi. L'aversion de Felippe contre son frère me semblait incompréhensible ; mais avant-hier j'ai tout compris, tout... c'est moi, oui, c'est moi qui ai mis dans la main de Felippe le poison qu'il se préparait à verser à Ottavio. Mon fratricide a engendré un fratricide. (*Silence.*)

Non, il n'est pas donné à l'homme de souffrir comme j'ai souffert, lorsque Felippe, ce monstre, — et de quel droit est-ce que je l'appelle monstre ? — m'a raconté avec un calme épouvantable, comment quelques paroles de moi sur le hasard de la naissance, qui enrichissait le frère aîné au détriment du second fils, avaient fait germer en son âme l'envie que lui inspirait Ottavio ; comment cette envie se développant et étant devenue de la haine l'avait poussé au fratricide. Et pourtant Felippe avait, depuis son enfance, tendrement aimé Ottavio. Mon exemple, mon exemple seul, a donc perverti, dénaturé mon malheureux enfant, si bon, si affectueux, et lui a donné la pensée de ce grand forfait, dont l'horreur a fait en moi justice de mes sophismes, lorsque je l'ai vu, mon fils, tenter de le commettre, ce grand forfait!

Mon Dieu! je n'avais qu'une vertu, l'amour paternel; je ne sais quelle justice vengeresse a fait de cette vertu l'instrument de mon supplice éternel. J'ai commis un fratricide : il renaît et se redresse devant moi incarné dans mon fils. (*Nouveau silence, interrompu par l'entrée de Bartholomeo.*)

BARTHOLOMEO. — Monseigneur, il est bientôt une heure du matin; tout est prêt pour le départ du comte Felippe.

LE DUC DELLA SORGA. — C'est bien, va le prévenir; et pas de faiblesse, Bartholomeo : s'il résiste, ainsi que je le crains, tu as mes ordres.

BARTHOLOMEO. — Oui, monseigneur, puisqu'il s'agit de la santé de ce pauvre enfant, je serai comme vous, impitoyable.

LE DUC DELLA SORGA. — Les médecins consultés par moi ce matin, m'ont déclaré, ainsi qu'à ma femme, que si nous voulions conserver mon fils, dont la santé est si gravement altérée depuis quelque temps, il nous fallait l'envoyer en Sicile respirer l'air natal.

BARTHOLOMEO. — Ainsi donc s'explique, par son état maladif, ce changement dans l'humeur de ce pauvre enfant, changement qui nous paraissait incompréhensible, monseigneur.

LE DUC DELLA SORGA — Hélas! oui, la souffrance a aigri, dénaturé son caractère, et de là cette irritation, ces emportements contre son frère, dont nous cherchions en vain la cause.

BARTHOLOMEO. — Et vous ne voulez pas voir une dernière fois Felippe avant son départ, monseigneur ?

LE DUC DELLA SORGA. — Non ; il me faut m'imposer ce cruel sacrifice. Cette séparation nous est si pénible, à Béatrice et moi, que nous craignons notre faiblesse et les larmes de ce pauvre enfant; il est si désespéré de nous quitter que, peut-être, nous ne saurions pas résister à ses supplications, et sa santé, sa vie seraient compromises s'il demeurait plus longtemps en France.

BARTHOLOMEO, *sortant*. — Vos ordres seront exécutés, monseigneur ; il faut sauver ce pauvre enfant malgré lui.

LE DUC DELLA SORGA, *seul*. — J'ai dû cacher, même à Bartholomeo, le crime de Felippe, et trouver le prétexte de sa santé pour le renvoyer à Palerme. La présence de ce malheureux serait maintenant pour moi une torture de tous les instants : ce serait vivre face à face avec mon fratricide, incarné dans mon fils. N'est-ce donc pas assez d'avoir sans cesse en ma présence Ottavio ?

FELIPPE, *marchant avec agitation*. — Partir, retourner à Palerme sous la conduite de Bartholomeo?... non, non! cent fois non!... L'on ne m'arrachera pas d'ici vivant! Mon coup manqué, je ne pouvais plus espérer de le tenter ; Ottavio échappait à ma haine : mon père était en éveil. Je ne pouvais pas, lui non plus, l'atteindre, car il a, aujourd'hui, prouvé son innocence aux yeux de ses compagnons d'exil ; mais il me restait une vengeance : le torturer par ma présence, et, seul à seul, lui jeter à la face le sang de mon oncle Pompeo, ou bien, devant notre famille et par des allusions continuelles à son fratricide, torturer encore mon père... à coups d'épingles. Je renoncerais à cette vengeance, moi, qui ne vis maintenant que de fiel et de haine? non, non! cent fois non! Je ne partirai pas! (*Silence*.)

Non, je ne partirai pas, à moins que l'on m'enlève de force, comme mon père m'en a menacé. Puisque je suis mineur et en puissance paternelle, il dira, oh! il m'en a prévenu, il dira que les médecins m'ont ordonné d'aller respirer l'air natal, seul capable de rétablir ma santé, gravement atteinte. Si je me refuse à quitter Paris par caprice d'enfant gâté, l'intérêt de ma santé passant avant tout, l'on devra me traiter comme un pauvre fou récalcitrant, et m'embarquer, s'il le faut, de force en voiture. Et il en sera ainsi, et j'irai mourir de male-rage en Sicile, en songeant que mon dessein avait été sur le point de réussir, qu'il s'en est fallu d'une pincée d'arsenic que je ne devînsse duc della Sorga environ par les mêmes moyens que mon digne père. (*Silence*.) Mes mesures étaient si habilement prises pourtant! l'on aurait si bien cru au suicide d'Ottavio! Tout me servait si à point, jusqu'à son morne abattement provenant de ce chagrin soudain et profond dont je ne puis deviner la cause. Le suicide aurait paru si naturel ! Damné soit mon père qui m'a surpris ! (*Silence.*)

Oh! si je n'étais pas si lâche, je le poignarderais, ce bel Ottavio, tout chétif, tout bossu que je suis; oui, je le poignarderais !... Mais après, on me couperait le cou en France, ou je serais emprisonné jusqu'à la fin de mes jours ! Oh ! damné soit mon père ! C'est lui qui, par son exemple, m'a mis au cœur l'envie, la haine dont je suis rongé, dévoré ! Mon sang s'est tourné en fiel ! Et je serais réduit à l'impuissance de nuire à ceux que je hais, mon père le premier ! (*Silence.*) Oh ! oui, je le hais ! Pourquoi, en enviant son frère, m'a-t-il appris, par son exemple, à envier, à haïr Ottavio jusqu'à la mort. Car, autrefois je l'aimais, moi ; je n'étais pas né jaloux et méchant ; j'étais meilleur qu'un autre, puisque, laid et bossu, je me réjouissais, je me glorifiais dans la beauté de mon frère ! J'étais heureux alors... mais, depuis... mais depuis !... (*Long silence.*)

Oui, damné soit mon père : il m'a rendu méchant. Je ne peux redevenir bon, je ne vis presque que pour la haine. Et il veut m'empêcher de vivre ! il veut m'empêcher de me venger sur lui du mal qu'il m'a fait ! M'éloigner d'ici !... non ! non ! car j'en suis certain, moi, je mourrais de rage en Sicile. (*On frappe à sa porte.*) Qui va là ?

BARTHOLOMEO, *en dehors*. — C'est moi, Bartholomeo, seigneur comte.

FELIPPE. — Entre. Que veux-tu ?

BARTHOLOMEO. — Seigneur comte, vous savez ce que Son Excellence votre père vous a dit ce soir ?

FELIPPE. — Quoi ?

BARTHOLOMEO. — Que les chevaux de poste seraient commandés pour une heure du matin. Ils sont arrivés ; vos malles sont placées sur la voiture, le postillon est à cheval, et l'on vous attend.

FELIPPE. — J'ai dit à mon père que je ne partirais pas ; va-t'en !

BARTHOLOMEO. — Son Excellence a choisi cette heure de la nuit pour votre départ, afin d'épargner à madame la duchesse et à votre frère le chagrin des adieux, et puis afin de...

FELIPPE. — Sors d'ici !

BARTHOLOMEO. — Un mot encore, seigneur

comte, et ce mot vous fera changer de résolution. Son Excellence votre père a aussi choisi pour notre départ l'heure de la nuit, parce que si votre résistance amenait malheureusement un scandale, il n'aurait d'autres témoins que les gens de l'hôtel.

FELIPPE. — Qu'est-ce à dire?

BARTHOLOMEO.— Il y a en bas un commissaire de police et ses agents.

FELIPPE. — Que m'importe, à moi?

BARTHOLOMEO. — Son Excellence a déclaré à qui de droit que votre vie serait compromise, au dire des médecins, par la prolongation de votre séjour en France, et que...

FELIPPE. — Et que si je refusais de partir de bon gré, l'on emploierait la force?...

BARTHOLOMEO. — Oui, seigneur comte. Mais vous n'obligerez pas Son Excellence à recourir à une pareille extrémité. Je vous conjure de...

FELIPPE. — Hors d'ici, misérable!

BARTHOLOMEO. — Seigneur, écoutez-moi.

FELIPPE. — Ne me pousse pas à bout, je...

BARTOLOMEO. — Seigneur, vous pouvez frapper un vieux serviteur qui vous a porté tout enfant dans ses bras, mais je ne bougerai pas d'ici ; j'appellerai par cette fenêtre les agents, et avec tous les ménagements possibles, vous serez porté dans la voiture, où, du reste, je vous en préviens, deux agents monteront avec nous, afin de me prêter assistance en route, si vous renouvelez votre résistance. Ils ne nous quitteront qu'à Marseille, lieu de notre embarquement pour Palerme.

FELIPPE. — Appelle ces hommes.

BARTHOLOMEO. — Je vous en conjure, seigneur comte...

FELIPPE. — Appelle-les donc !

BARTHOLOMEO. — Vous le voulez ?

FELIPPE. — Oui, ose !

BARTHOLOMEO. — Une dernière fois, seigneur, écoutez la prière du vieux Bartholomeo : résignez-vous à ce que vous ne pouvez empêcher.

FELIPPE. — Jamais !

BARTHOLOMEO. — Seigneur, réfléchissez ; vous l'aurez voulu.

FELIPPE. — L'on ne m'arrachera d'ici que mort !

BARTHOLOMEO.—Non pas mort, Dieu merci ! mais vivant. (*On entend le bruit d'une fe-*

nêtre qui s'ouvre, et la voix du majordome appelant : Psitt! psitt!) Seigneur, ils vont monter.

FELIPPE, *à part.* — Malheur à moi! je ne saurais résister. Il faut me soumettre... Oh! ma vengeance!... Damné soit mon père! (*Haut.*) Marchons!

BARTHOLOMEO, *à la fenêtre.* — Messieurs, ne montez pas, nous descendons.

Au bout de peu d'instants, l'on entend le roulement d'une voiture qui sort de la cour de l'hôtel. Wolfrang et Sylvia ont bientôt regagné leur demeure par le passage souterrain aboutissant aux couloirs secrets.

XXXVII

Wolfrang et Sylvia sont de retour dans le salon qu'ils ont quitté une heure auparavant, afin d'aller suprendre *les Secrets de l'oreiller*. La jeune femme, radieuse, s'écrie avec expansion :

— O Wolfrang ! mon bien-aimé, mon sauveur, béni sois-tu ! Grâce à cette épreuve ménagée par toi, elle est apaisée, elle est guérit, cette douleur mortelle que me causait la croyance au bonheur, à l'impunité des méchants et au malheur des justes en ce monde-ci. Ma raison, abusée par les apparences, ne pouvait se résoudre à ajouter foi à tes paroles, si souvent répétées, afin d'apaiser les douleurs morales qui me tuaient, qui rendaient ma vie actuelle si intolérable, que je voulais aller renaître et revivre dans une autre sphère.

— Tu le vois, ma Sylvia, tu le vois, n'existât-il au-delà de notre existence présente ni châtiment pour le mal, ni récompense pour le bien, *les méchants,* si heureux, si honorés, si triomphants qu'ils paraissent, *trouveraient encore l'enfer en leur âme, et les justes y trouveraient encore leur paradis,* si malheureux, si avilis, si persécutés qu'ils semblent.

— O généreuse et consolante philosophie dont j'ai pu longtemps douter, tu m'es prouvée maintenant par des faits, par des actes! Est-il, en s'arrêtant aux apparences, un homme plus malheureux que M. Lambert? Il sauve Francine de la misère, de la honte; il l'épouse, quoiqu'elle ait failli. Sa conduite envers elle est d'une délicatesse exquise, d'une bonté adorable, et un jour cette malheureuse femme le sacrifie à un fat imbécille et d'un féroce égoïsme. Quelle est la première pensée de M. Lambert en apprenant cet outrage? Sauver la réputation de Francine; puis il lui dit ces paroles admirables : « En vous épousant, » j'ai juré devant Dieu et devant les hommes » de vous protéger. Votre faute ne me délie » pas de mon serment; je vous protégerai » jusqu'à la fin. » Oh! mon Wolfrang, que de grandeur dans ce pardon! que d'élévation dans ce sentiment du devoir! Mais hier je t'aurais demandé: « Où est-elle, la récompense de tant de grandeur, de tant d'élévation? Où sont-elles, les consolations de ce noble cœur blessé, indignement trahi?

— Cette récompense, ces consolations, ma Sylvia, sont dans ces mots prononcés par cet homme généreux, en ces moments où l'âme se recueille et s'épanche au milieu de la solitude et du silence de la nuit : « O clémence! » vertu des bons cœurs, quel baume divin tu » verses sur les blessures de l'âme! Grâce à » toi, elles deviennent de nobles cicatrices, » parfois encore bien douloureuses. Mais » cette douleur même porte avec soi sa con- » solation; elle vous rappelle votre pardon » envers qui vous a blessé; aussi je me sens

» réconforté, apaisé, ma conscience est tran-
» quille. J'ai fait le bien, j'ai fait mon devoir.

— Et ce juste s'endort d'un sommeil paisible, en murmurant ces mots : « Francine, pauvre enfant! »

— Et à cette heure, où ce grand homme de bien trouvait tant d'apaisement dans la sérénité de sa conscience, que disait la pauvre égarée, en proie au repentir, à la souffrance et à l'insomnie : « — Hélas ! je ne peux, quoi
» que je fasse, empêcher le passé d'avoir été.
» Rien ne me rendra la confiance d'André,
» rien ne me fera oublier que la cause de
» mes chagrins est ce M. de Luxeuil, que
» maintenant je méprise autant que je le
» hais. » Ah ! quelle vie ! quelle vie ! quel châtiment pour cette malheureuse femme, quelle que soit sa conduite à venir ! Elle se dit, elle se dira sans cesse : « J'ai trahi le plus noble des hommes pour un misérable qui, me croyant abandonnée de mon mari, m'a repoussée par la crainte ignoble et sordide de me voir à sa charge. » — Et ce banquier millionnaire, ma Sylvia, ce soir encore, avant la révélation des SECRETS DE L'OREILLER, ne me disais-tu pas dans ton amère désespérance :

« — Jouissant de la tendresse et du respect des siens, estimé de tous pour sa probité scrupuleuse, que l'opinion publique célèbre à l'envi! Heureux possesseur d'une fortune immense, dont la source est infâme. L'effrayante prospérité de cet adroit fripon, n'est-elle pas une insulte à la justice humaine et divine? »

— Oui, je disais cela, mon Wolfrang, abusée par les apparences, et cependant ce misérable *trouve l'enfer dans son âme*; les sentiments les plus doux deviennent une torture pour *ce damné de ce monde*. L'affectueuse vénération de sa femme, de son fils, tous deux si purs, si nobles, lui rappelle à chaque instant son indignité. Ah! je frissonne encore en me rappelant ces mots, expression de son incessante et dévorante pensée : « — Je se-
» rais mille fois plus riche encore que je
» ne pourrais effacer l'infamie dont ma
» vie est entachée! — Pour moi seul, les
» fruits de mon immense fortune sont amers
» et corrompus, parce que sa source est in-
» fâme... — Que de millions, que de mil-
» lions je donnerais pour n'avoir pas volé
» ces cinquante mille francs au frère de Du-

» bousquet! Ah! je suis un bien malheureux
» homme!... »

— Et tu ne pouvais me croire, ma Sylvia, lorsque je t'affirmais cette vérité vengeresse : — Que le vice ou le crime heureux connaissent presque seuls les remords. La conscience de leur indignité empoisonne à jamais leur vie et leurs jouissances, malgré l'impunité de leur fourberie ou de leur scélératesse. L'insuccès, au contraire, endurcit les fripons et les scélérats ; ils n'ont point, dans leur détresse ou dans la lutte qu'ils engagent contre le juste et le bien, le loisir de songer au remords ; mais plus la fortune leur sourit, plus leur détestable triomphe semble assuré, plus ils ressentent cruellement le désir de l'impossible ; en un mot, *de n'avoir pas été ou de ne pas être ce qu'ils sont*. En veux-tu de nouvelles preuves ? Rappelle-toi ces paroles de cette fille perdue, pour qui M. de Francheville s'est déshonoré : « — Maintenant,
» disait-elle, je suis riche ; mais j'aurais deux
» cent mille livres de rente que *je ne serais*
» *jamais qu'une lorette*. Il m'est, il me sera
» toujours défendu de m'asseoir à côté des
» femmes honnêtes. Voilà mon ver rongeur.

» Oui, lorsqu'on a toutes choses, la seule que
» l'on désire avec fureur, avec désespoir, est
» justement celle qui vous est défendue. Ah!
» si je devais toujours avoir de pareilles pen-
» sées, peut-être aurait-il mieux valu pour
» moi être morte à seize ans et disséquée par
» les carabins ! »

— Mots profonds, mots terribles ! Ah ! tu dis vrai, mon Wolfrang, le vice ou le crime heureux ont seuls des remords, ou du moins cruellement conscience de leur indignité. Ou bien, si ce remords, si cette conscience leur manquent, les scélérats, les vicieux, les égoïstes, sont tôt ou tard forcément, fatalement châtiés par les conséquences mêmes de leur scélératesse, de leurs vices ou de leur égoïsme. Vois ce Luxeuil : quelle sera sa punition, me disais-tu ce soir, ma Sylvia? Ce misérable a déshonoré M. Lambert, porté le trouble, la douleur dans ce foyer jusqu'alors paisible et heureux; oui, quelle sera la punition de ce fat sans entrailles? Ah ! rappelle-toi la fiévreuse agitation de cet homme jeune, beau, riche, saturé, blasé de succès. Il est frappé dans son orgueil par les paroles écrasantes de M. Lambert, lui reprochant, en présence de sa femme, l'ignominie de sa conduite envers elle. Il est frappé dans son avarice, dans les habitudes de sa vie d'homme à bonnes fortunes par cette fille effrontée, désormais attachée à ses pas, et qui lui fera payer cher cette correspondance amoureuse dont elle s'est emparée.

— Oui. Et après avoir pesé les désolantes alternatives où il se trouve réduit, il se disait : « — Je suis brisé, j'ai la fièvre. Ah ! si » cela dure, j'en deviendrai fou. « — Puis, poussant un éclat de rire sardonique, il s'est écrié : « — Ah ! elle est belle, la vie d'un » homme à bonnes fortunes ! » — Tu dis vrai, mon Wolfrang, M. Lambert est vengé, cruellement vengé.

— Et ce Francheville, le fonctionnaire intègre, l'homme d'État éminent, dont l'opinion publique abusée acclame le désintéressement rigide ? Avant-hier, un souverain étranger confère à cet homme un ordre de chevalerie ; hier, son roi lui fait espérer un ministère ; tout lui sourit, tout le sert, il triomphe. Il tient en son pouvoir cette créature dont il est affolé. Il doit se croire assuré de l'impunité de sa forfaiture. Celui-là n'éprouve pas de remords, non : son âme s'est bronzée au mal. Cependant, dis, ma Sylvia, quelles ont été ce soir ses dernières paroles ?

« — Demain je serais ministre, président
» du conseil, je gouvernerais la France, en-
» touré de la considération de tous, que, plus
» plus éclatante serait mon élévation, plus
» profonde serait mon épouvante de voir
» mon infamie révélée... parce que plus
» terrible encore serait ma chute. Ah ! pour
» moi, l'avenir n'est que doute, appréhensions.
» Peut-être mon indignité sera-t-elle décou-
» verte demain, peut-être ne le sera-t-elle ja-
» mais, et, en ce cas même, mon supplice
» durera ma vie entière, car je tremblerai
» jusqu'à mon dernier jour. » — Et ententendant à ce moment le chant de M. Dubousquet, il s'est écrié avec une amertume navrante : « — Ce forçat libéré est heureux,
» lui ; il a payé sa dette, il n'a plus à trem-
» bler, il chante ! » — Dieu juste ! — s'écrie Sylvia, — cet homme réduit à envier le sort d'un forçat libéré ! Oh ! béni sois-tu, mon Wolfrang ! tu m'as convaincue de L'ÉTERNELLE VÉRITÉ, tu m'as guérie. Non, non ! les méchants ne sont pas impunis en ce monde-ci :

ils en sont les damnés. Elles sont profondes, tes paroles : *Le méchant trouve l'enfer dans son âme, et le juste y trouve son paradis.* Vois ce pauvre repris de justice, martyr sublime du dévouement fraternel, héros obscur et ingénu, ignorant sa grandeur, son héroïsme, et n'ayant conscience que de son innocence. Et cependant, au milieu des hommes, il souffre de son injuste flétrissure, il craint leur mépris, leur aversion imméritée. Ah ! cette crainte même est presque un bienfait, car ces faux jugements du monde, dont il ressent passagèrement les atteintes, lui rendent plus chère, plus douce encore cette solitude où il passe presque entièrement sa vie, sans autre compagnon que son chien fidèle. Cette solitude tutélaire où, selon ses paroles de ce soir, il reprend son assurance d'honnête homme, où il se redresse, où il se regarde en face devant sa glace en se disant : « — J'en vaux bien un » autre, moi. » — Puis il cherche le repos et s'endort en fredonnant ce refrain naïf qui me fait encore venir les larmes aux yeux : « — *Je suis honnête homme, moi, je suis* » *honnête homme !* » expansion touchante d'une conscience irréprochable, unique protestation de cette âme angélique, seul plaisir que dans sa solitude il se permette, en face de l'iniquité dont il est frappé, mais dont il s'est rendu complice. Aussi ne blâme-t-il pas la sévérité du jugement des hommes à son égard; on doit le croire coupable; il a lui-même avoué le crime dont on l'accusait; voilà pourquoi il ne se révolte pas contre les mépris qu'il endure; il en a souffert, il en souffre, et c'est tout! Oh! mon Wolfrang, que de millions, que de millions donnerait le banquier millionnaire, cause unique des affreux malheurs de la famille du repris de justice, pour jouir de la sérénité d'âme de sa victime!

— Sylvia, ange aimé, cœur adorable! si tu savais ma joie profonde en te voyant ainsi renaître, revivre, rayonner de tout l'éclat de ta beauté morale sous la divine influence de l'ÉTERNELLE VÉRITÉ, toi naguère assombrie, blessée, presque mourante, en proie à de funestes illusions, voyant dans le mirage trompeur des apparences le bonheur et l'impunité des méchants en ce monde. Pauvre chère sensitive, comme tu te repliais sur toi-même, frissonnante de dégoût, crispée d'horreur, à la pensée de cet autre scélérat qui tuait et brûlait son enfant ; et cependant les mères le bénissaient avec des larmes de reconnaissance ; l'opinion publique des deux mondes exaltait ce hideux infanticide à l'égal d'un nouveau saint Vincent de Paule. Et tu as entendu tout à l'heure ce monstre, tu l'as entendu, ma Sylvia. Est-elle assez vengeresse, la fatalité qui s'appesantit sur lui? Vois, cet homme taré, véreux, méprisé, misérable, veut s'enrichir par un tour d'escroc ; il fonde son œuvre dans l'espoir de voler les donataires et de disparaître ; mais cette œuvre, vraiment charitable, germée dans la pourriture de cet esprit, comme une fleur dans le fumier, possède en soi un germe si excellent, qu'elle fortifie et dépasse bientôt les espérances, les prévisions de cet escroc : elle lui mérite l'estime publique, il y prend goût, et jusqu'alors, exposé à tous les dédains, il se complaît dans les témoignages de flatteuse sympathie dont il est comblé par les honnêtes gens ; il prend alors son œuvre au sérieux, elle lui rapportera honneur et profit ; mais alors, et fatalement, le souvenir de son crime, grandissant à mesure que sa fortune s'élève, obsède, objurgue ce misérable, et ainsi que M. de Francheville, il songe en frémissant que, plus est haute la considération dont il jouit, plus terrible sera la chute, si son crime est découvert. Mais l'âme de Saint-Prosper n'est pas encore bronzée au mal, et en outre de ses appréhensions continuelles, il éprouve un remords de son infanticide. Cet homme, d'abord en proie à la détresse et aux préoccupations de son œuvre, a ensuite songé à un rapprochement effroyable qui doit être l'enfer de son âme.

— Ah! j'en frémis, Wolfrang; elles retentissent encore à mon oreille les dernières paroles de ce meurtrier et de son enfant :
« — Mon crime serait-il à jamais enseveli dans l'ombre, hélas! hélas! comment échapper à cette torture de chaque jour : prononcer ou entendre incessamment prononcer ces mots vengeurs de mon infanticide : ENFANT, MORT D'UN ENFANT. » — Oh! Wolfrang, pour cet homme qui connaît le remords, quel supplice épouvantable! Mais laissons ce damné dans son enfer. Quel touchant contraste nous a offert la placidité de l'âme d'Antonine au milieu de ses chagrins! Noble et vaillante créature! elle me l'avait dit : « — Je prendrai le deuil

» d'Albert, je le porterai jusqu'à mon dernier
» jour, et je mourrai fille ! » Elle tiendra sa promesse. Quelle ferme résignation soutenue par
la conscience du devoir accompli ! Ah ! Wolfrang, je le sens, cette conscience d'avoir fait
au respect de la mémoire de sa mère et à la
foi du serment le plus grand sacrifice qu'elle
pût s'imposer, donne aux chagrins d'Antonine une sorte de charme triste et fier. Au
lieu de ployer le front sous la douleur, elle
le redresse avec un juste orgueil. Ne se disait-elle pas tout à l'heure : « Courage ! ton
» pieux sacrifice est consommé ; jouis donc
» du moins de ses fruits amers, mais salu-
» lubres, fortifiants. Ton âme abattue se re-
» lèvera ferme, apaisée ; et si tu comptes
» les maux que t'a coûtés l'accomplissement
» de ton devoir, ce sera pour mesurer avec
» une austère satisfaction de toi-même la
» grandeur de ton dévouement filial. » —
Oh ! merci, merci encore, mon Wolfrang !
je suis, grâce à toi, maintenant sans alarmes
sur l'avenir d'Antonine. Elle aussi trouvera
son paradis dans son âme, non pas un paradis
terrestre semé de riantes félicités, parfumé
de fleurs écloses au rayonnement d'un amour

partagé, mais un paradis céleste, solitude sereine, où Antonine, calme, recueillie, à jamais détachée des liens de ce monde, au-dessus duquel elle s'est élevé par son renoncement, aura pour consolation, pour récompense, le sentiment de sa vertu.

— Oh! ma Sylvia, tu es guérie, à jamais guérie de tes doutes mortels, nés de trompeuses apparences. Ton regard ferme et éclairé par l'ÉTERNELLE VÉRITÉ, plonge maintenant au fond des âmes, où il pénètre les réalités. Mais vois donc combien le hasard nous a servis dans cette épreuve : rencontrer ici trois types sublimes du dévouement au devoir : M. Lambert, le dévouement aux devoirs sacrés de l'époux, qui doit, jusqu'à la fin, protection à sa femme ; Antonine, type du dévouement filial, et M. Dubousquet, type du dévouement fraternel.

— Oui, et par un contraste étrange, le hasard oppose à ce type du dévouement fraternel un effrayant fratricide. Ah! je l'avoue, Wolfrang, si la noire astuce de M. de Francheville pâlit auprès de la scélératesse de M. de Saint-Prosper, la scélératesse de celui-ci pâlit auprès de celle du duc della Sorga ;

et cette misérable fille malgré son effronterie, sa corruption, sa convoitise, sa méchanceté, m'inspire moins d'horreur que la duchesse della Sorga poussant l'audace de son infernale hypocrisie jusqu'à demander la mort des femmes adultères, tandis que cette grande impudique... Je n'achève pas : mon cœur se soulève de dégoût et de mépris. Mais quel châtiment, Dieu juste! Elle t'aime, mon Wolfrang! elle t'aime! Ah! celle-là aussi, malgré les respects dont elle est et sera toujours environnée, a trouvé l'enfer en son âme!

— Ce honteux amour sera pour elle un tourment passager ; mais sais-tu, ma Sylvia, quel sera le supplice éternel de cette femme, de cette mère? Rappelle-toi ces paroles effrayantes : « Sans cesse je serai poursuivie
» par cette pensée : — Je suis l'objet de l'aver-
» sion de mon fils ! Les semblants d'affection
» et de déférence qu'il me témoignera, non
» par pitié, mais afin de ne pas troubler le
» repos de son père, en lui révélant son dés-
» honneur, seront à mes yeux autant de coups
» mortels ; ils me rappelleront ces temps à
» jamais perdus où je me reposais de ma
» dissimulation, de ma perversité, en m'a-

» bandonnant à mon amour pour mon fils,
» le seul sentiment chaste et vrai que de ma
» vie j'aie éprouvé peut-être ! C'était comme
» une source fraîche et limpide où je puri-
» fiais mes lèvres brûlantes, souillées de bai-
» sers adultères. — J'éprouvais alors un
» calme délicieux. — C'était le côté irrépro-
» chable de mon existence... J'aimais aussi
» passionnément mon enfant que j'étais pas-
» sionnément aimée de lui... — Ah ! malheur
» à moi ! l'âge me menace, et bientôt, sans
» consolation dans le présent, épouvantée de
» l'avenir, mes cheveux blanchiront sous les
» mépris de mon fils ! » — Dis, ma Sylvia,
est-elle assez châtiée en ce monde-ci, cette
femme ; est-elle assez châtiée, dis ? Et le duc,
ce traître, cet infâme ? aujourd'hui encore ses
nobles compagnons d'exil ont été dupes de son
exécrable perfidie. Sa trahison ne sera peut-
être jamais soupçonnée ; mais tu les as entendues, ces terribles paroles arrachées à cet
homme par le remords : « — Non ! il n'est pas
» donné à l'homme de souffrir ce que j'ai
» souffert lorsque Felippe, ce monstre, — et de
» quel droit est-ce que je l'appelle monstre ?
» — m'a raconté avec un calme épouvantable

» comment quelques paroles de moi sur le ha-
» sard de la naissance qui enrichissait le fils
» aîné au détriment du second, avaient fait ger-
» mer en son âme l'envie que lui inspirait Otta-
» vio ; comment cette envie, en se développant,
» était devenue de la haine, et comment enfin
» cette haine l'avait poussé au fratricide. Et
» pourtant, depuis son enfance, Felippe avait
» tendrement aimé Ottavio. Mon exemple,
» mon exemple seul a donc dénaturé, perverti
» mon malheureux enfant, si bon et affec-
» tueux!... J'ai commis un fratricide ! il re-
» naît et se dresse devant moi, incarné dans
» mon fils. » — Et ce fils, ce criminel engendré
par le crime paternel ? Ce malheureux était
né sans jalousie et sans envie. N'a-t-il pas
dit tout à l'heure, et ces paroles m'ont ému :
« — Pourquoi mon père, en enviant son frère,
» m'a-t-il appris par son exemple à envier, à
» haïr Ottavio jusqu'à la mort, car autrefois
» je l'aimais, moi ? Je n'étais pas né méchant
» et jaloux, j'étais meilleur qu'un autre, puis-
» que, laid et bossu, je me réjouissais, je me
» glorifiais dans la beauté de mon frère. J'é-
» tais heureux alors, mais depuis !... »

— Ah ! Wolfrang, ainsi que toi ces paroles m'ont émue. Ce malheureux me faisait alors pitié. Hélas ! il était né bon, l'exemple paternel l'a perdu, a fait de lui un monstre. Quel endurcissement, grand Dieu ! si jeune encore, nul repentir de sa tentative fratricide !

— Non, pas un remords. Son seul regret est de n'avoir pas accompli son forfait. Ah ! je te l'ai dit, Sylvia : « Seul, le crime heureux éprouve des remords ; l'infortune l'endurcit. » Le châtiment de Felippe est l'insuccès de son fratricide et la rage de voir sa haine contre son père réduite à l'impuissance de nuire ; punition terrible, la seule qui puisse atteindre le criminel endurci. Et maintenant, ma Sylvia, — ajoute Wolfrang d'un ton à la fois grave et passionné, — l'autorité des faits dont nous sommes témoins depuis trois jours, sans sortir de cette maison, a confirmé mes paroles ; elles ne sont que l'écho de l'ÉTERNELLE VÉRITÉ ! Elles t'ont prouvé le néant de tes illusions funestes. Ah ! crois-moi, elle est salubre, elle est sainte, cette ferme croyance au *châtiment du mal et à la rémunération du bien en* CE MONDE-CI, quoique aux yeux du vulgaire les méchants apparaissent autant impunis, prospères, triomphants,

que les bons, les justes, les dévoués apparaissent méconnus, malheureux et opprimés.
Cette croyance, un jour répandue, serait un enseignement salutaire ou un frein redoutable pour ceux-là qui envient les jouisseurs à tout prix, les corrompus, les coquins, les scélérats, parce que, grâce à la fatalité des circonstances, ils échappent si souvent à la vindicte des lois ou à l'opprobre dont ils devraient être flétris. Ces misérables ont peu de souci des autres mondes et narguent les peines éternelles. Ils croient à la prison, au bagne et à l'échafaud, symbolique trinité de leur foi ; et ces châtiments une fois, évités, ils comptent profiter des fruits de leurs méfaits en pleine sécurité. Il n'en va point ainsi. Non ! non ! il est bon qu'on le sache, il faut qu'on le sache ; l'heure des succès du perverti, du fripon, du scélérat impuni et heureux est aussi l'heure de ses remords, de ses terreurs incessantes ou des conséquences logiques, infaillibles, de leurs vices, de leurs forfaits ; alors commence pour eux une torture incessante : ils ont L'ENFER DANS L'AME.
Mais qui la connaît, cette torture, qui la connaît ? Personne ! le masque de ces DAMNÉS DE

ce monde est impénétrable, ils ont toujours le sourire aux lèvres, l'assurance dans le regard, le front superbe. Avouer ce qu'ils souffrent serait avouer la cause de leurs secrets supplices. Aussi plus poignante est leur douleur, plus épanouis, plus radieux sont leurs traits. Et le vulgaire, pressentant ou certain qu'ils sont d'adroits coquins, de fortunés scélérats, le vulgaire, témoin de leur impunité, témoin de leur impudence et de leur audace, se dit alors : « — Voilà de bien heureux coquins ! voilà de bien heureux scélérats ! » — Et les gens dont le sens moral est émoussé, vacillant ou perdu, de se dire tentés par cet apparent triomphe : « — Probité, honneur, dévouement, foi du serment, vertu, sacrifice, mots creux et sonores. — Échapper à la corde et jouir, — telle est la philosophie pratique de ce bas-monde ; quant à l'autre, qui sait? Or, renoncer au connu pour l'inconnu serait folie ! Donc, échappons à la corde et jouissons ! »

— Oh ! mon bien-aimé Wolfrang, combien tes paroles sont sages et profondes ! Oui, ce qui entraîne au mal tant de gens faibles ou à demi pervertis, c'est qu'ils croient à l'impupunité du mal et à la sécurité de ses impures jouissances! C'est qu'ils ignorent ses châtiments secrets ; c'est surtout, et bien plus encore, que le vulgaire croit à l'apparente infortune des justes méconnus ou opprimés ; c'est que le vulgaire ignore les trésors de rémunération qu'ils trouvent dans la pratique du bien. Ah! tu l'as dit, Wolfrang, tu l'as dit : « Le masque des méchants est impénétrable ; toujours ils ont le sourire aux lèvres. Avouer leurs tortures secrètes serait avouer la cause de leur supplice mérité. » Hélas! le masque des justes opprimés, méconnus, est non moins impénétrable aux yeux du vulgaire que celui du méchant. La modestie ou l'adorable pudeur de la vertu retient sur les lèvres des ÉLUS DE CE MONDE l'aveu de l'ineffable et secrète rémunération dont ils jouissent. Cette rémunération, qui la connaît? Personne, personne. Avouer qu'ils trouvent le PARADIS DANS LEUR AME, serait l'aveu de la cause souvent sublime de leur félicité céleste. Ils n'ont pas cet orgueil : la conscience du devoir accompli leur suffit, et ils passent en ce monde, graves, résignés, silencieux, pauvres et timides. Alors le vulgaire abusé, comparant l'apparente infortune de ces hommes de foi, de dévouement et de sacrifices à l'apparent bonheur des fripons, des parjures, des traîtres, des scélérats resplendissants d'audace, d'éclat et de richesse; le vulgaire les envie et se rit des justes. Ah! si l'on savait pourtant, si l'on savait les ravissements de l'homme de bien, lorsque seul, recueilli en soi-même, sondant jusqu'aux dernières profondeurs son âme, il se dit : « J'ai beaucoup souffert, je dois encore beaucoup souffrir; mais je suis resté fidèle à ma foi, je me suis sacrifié au devoir, je me sacrifierai jusqu'à la fin; ma conduite est probe et vaillante; elle mériterait, je le sens, l'estime, le respect ou l'admiration de tous. » Ah! ceux-là, selon tes paroles, mon Wolfrang, ceux-là sont les ÉLUS DE CE MONDE ; ils trouveront le PARADIS DANS LEUR CŒUR. Et moi aussi maintenant, j'éprouve, grâce à toi, une félicité céleste; tu m'as à jamais délivrée de ces sentiments si douloureux dont j'étais navrée en croyant au bonheur du vice ou du crime impunis, et à l'infortune de la vertu méconnue. La forte et sainte croyance que je te dois rendra plus doux et surtout plus fécond pour le bien notre passage à travers ce monde-ci. Et cette foi qui m'arrache à de funestes et stériles désespérances, combien je suis ravie de la tenir de toi, mon noble et beau Wolfrang ! si grand par l'intelligence, si grand par le cœur ! Oh ! mon amant, mon ami, mon frère, mon maître, mon sauveur, mon bon génie, — car tu es tout cela pour moi, — ces sentiments si divers que tu m'inspires se fondent en un seul, L'AMOUR !

FIN.

POST-SCRIPTUM

—

— Ainsi finit l'histoire.
— Et Wolfrang, et Sylvia ? — dira peut-être notre lecteur ; — qui sont-ils ? d'où viennent-ils ? Où vont-ils ?
— Qui sont-ils ?
— Oui.
Un soir de cet hiver, la bise du nord, chargée de neige, soufflait dans la montagne qui surplombe ma demeure ; j'étais au coin

de mon foyer solitaire ; soudain Wolfrang et Sylvia ont apparu à mon esprit, brillants de tous les dons du cœur, de l'intelligence, de la grâce, de la beauté, de la richesse, du génie et de l'amour.

Mais, hélas ! dans mon impuissance de reproduire ces idéalités adorables, à peine ai-je tracé, dans mon infimité, leur ébauche grossière, presque méconnaissable.

Et cependant, quel ravissement j'éprouvais dans l'intimité charmante de ces deux personnages ! Ils ont pendant longtemps, — bénis soient-ils, — été les compagnons assidus de ma solitude et de mon exil. Chère Sylvia ! cher Wolfrang ! que de douces heures je vous ai dues ! Combien je me plaisais avec vous ! Quels regrets j'éprouve à vous quitter à cette heure !

— Et où vont-ils ?

— Ils remontent dans le pays des rêves, ils s'envolent vers les régions de l'idéal.

— Mais leur naissance, leur nom, leur signalement, leur patrie, leur état civil, leur condition sociale, leurs antécédents ?

— Que sais-je ? Ils sont venus à moi sans passe-port, sans le moindre *papier* qui pût constater leur identité. Inconnus ils sont venus, inconnus ils s'en retournent.

— Mais c'est absurde : un livre ne se termine pas ainsi.

— Peut-être ce livre est-il achevé, peut-être ne l'est-il point. Il est possible qu'un jour je voie de nouveau m'apparaître Wolfrang et Sylvia, en compagnie des ÉLUS DE CE MONDE ou plutôt de cette histoire : — le libraire *Lambert*, *Dubousquet*, *Antonine Jourdan*, *madame Borel*, *Alexis*, *le marquis Ottavio*, *Tranquillin*; — tandis que les DAMNÉS DE CE MONDE : — *Francheville*, *Saint-Prosper*, *le banquier Borel*, *Luxeuil*, *Cri-cri*, *le duc et la duchesse della Sorga*, *Felippe*, sachant le secret de leurs vices, de leurs turpitudes, de leurs friponneries, de leurs trahisons, de leurs crimes, au pouvoir de Sylvia et de Wolfrang, se seront peut-être ligués contre ceux-ci.

Alors une lutte acharnée, inexorable, s'engagerait entre les *élus* et les *damnés*, etc., etc.

Et la victoire, apparente ou réelle, resterait...... mais n'anticipons pas.

En attendant ces futurs contingents, ami lecteur, — si toutefois tu m'es ami, — je te remercie de l'attention que tu as bien voulu prêter à cette esquisse très imparfaite d'une philosophie dont le seul mérite est d'être consolante et *vraie*.

Oui, *vraie*; souviens-toi; car, qui que tu sois, ami lecteur, tu n'es pas sans avoir en ta vie, dans une certaine mesure, fait le MAL et le BIEN.

Interroge sincèrement ta conscience.

Dis! N'as-tu pas trouvé EN TOI-MÊME LA PUNITION DU MAL, LA RÉCOMPENSE DU BIEN?

D'où je conclus qu'en dehors *des peines ou des récompenses éternelles*, — dont j'ignore absolument, — je le confesse en toute humilité, — il existe en ce monde-ci des ÉLUS et des DAMNÉS qui TROUVENT EN LEUR AME L'ENFER OU LE PARADIS.

FIN DU QUATRIÈME ET DERNIER VOLUME.

TABLE DES CHAPITRES.

		Pages
Chapitre	III.	1
—	IV.	11
—	V.	17
—	VI.	27
—	VII.	41
—	VIII.	51
—	IX.	61
—	X.	71
—	XI.	77
—	XII.	83
—	XIII.	95
—	XIV.	111
—	XV.	125
—	XVI.	137
—	XVII.	149
—	XVIII.	157
—	XIX.	169
—	XX.	175
—	XXI.	179
—	XXII.	187
—	XXIII.	197
—	XXIV.	213
—	XXV.	221
—	XXVI.	231

	Pages
Chap. XXVII.	239
— XXVIII.	249
— XXIX.	257
— XXX.	265
— XXXI.	279
— XXXII.	297
— XXXIII.	305
— XXXIV.	321
— XXXV.	335
— XXXVI.	353
— XXXVII.	371
Post-scriptum.	395

FIN DE LA TABLE.

COLLECTION A 3 FRANCS 50 LE VOLUME.

PAUL DE KOCK.

in-18.

Le Millionnaire.	2 vol.
La Demoiselle du cinquième.	2 vol.
Monsieur Choublanc.	1 vol.
Madame de Monflanquin.	2 vol.
La Bouquetière du Château d'Eau.	2 vol.
Les Étuvistes.	4 vol.
Un Monsieur très-tourmenté.	1 vol.

MARQUIS DE FOUDRAS.

Les deux Filles à Marier.	1 vol.
Le Beau Favori.	2 vol.
Le bonhomme Maurevert.	1 vol.
Un amour de Vieillard.	1 vol.
Les Veillées de saint Hubert.	2 vol.
Tristan de Beauregard.	1 vol.
Un Drame en famille.	3 vol.
Un Caprice de grande dame.	3 vol.
Suzanne d'Estouville.	2 vol.
Un grand Comédien.	2 vol.

A. DE GONDRECOURT.

Les Prétendants de Catherine.	3 vol.
Le Baron Lagazette.	3 vol.
Mademoiselle de Cardonne.	2 vol.

EUGÈNE SUE.

Les Secrets de l'oreiller.	4 vol.
Les Fils de Famille.	5 vol.
La Famille Jouffroy.	4 vol.

ROGER DE BEAUVOIR.

Les Œufs de Pâques.	1 vol.
Camille.	1 vol.

XAVIER DE MONTÉPIN.

in-18.

Souvenirs d'un Garde-du-Corps, 1re série.	3 vol.
Id., 2e série.	3 vol.
L'officier de Fortune.	4 vol.
Les deux Bretons.	2 vol.
Mademoiselle La Reine.	3 vol.
La Sirène.	1 vol.
L'Idiot.	2 vol.
La Perle du Palais-Royal.	2 vol.
Un gentilhomme de Grand Chemin.	3 vol.
Les Valets de Cœur.	2 vol.

ALEXANDRE DUMAS.

Madame du Deffand.	3 vol.
Vie et aventures de la princesse Monaco.	2 vol.

ADFRED DE GONDRECOURT.

L'Été de la Saint-Martin.	1 vol.
Le Baron d'Arnouville.	2 vol.

MADAME ROGER DE BEAUVOIR.

Le Secret du Docteur.	1 vol.
Une Femme Forte.	1 vol.

OUVRAGES DIVERS.

Le nœud de ruban, par madame Ancelot.	1 vol.
Les Femmes de la Bourse, par Henry de Kock.	1 vol.
Les Couteaux d'or, par Paul Féval.	1 vol.
Elie, par Marcel Chasseriau.	1 vol.
Le Neuf de Pique, par la comtesse Dash.	4 vol.

IMPRIMERIE DE MUNZEL FRÈRES, A SCEAUX.

www.ingramcontent.com/pod-product-compliance
Lightning Source LLC
Chambersburg PA
CBHW052137230426
43671CB00009B/1288